U0650150

区块链

技术原理及应用

马永仁◎著

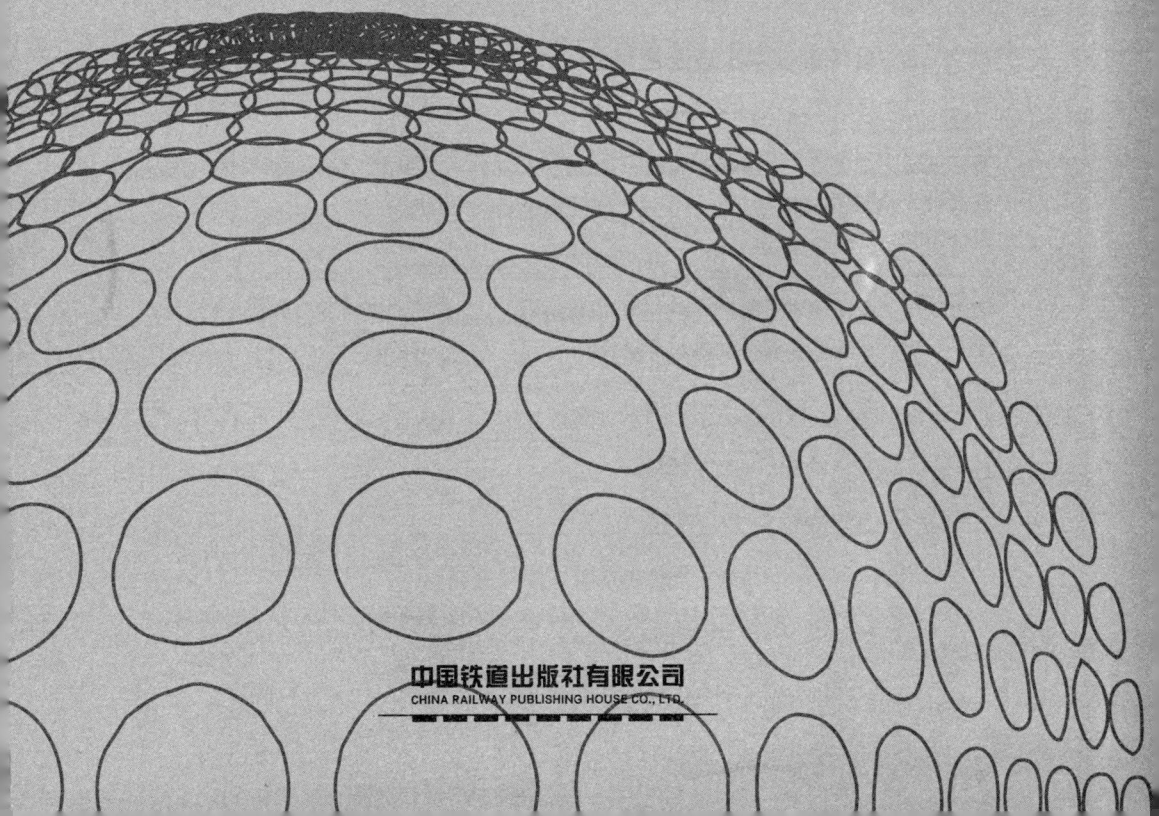

中国铁道出版社有限公司
CHINA RAILWAY PUBLISHING HOUSE CO., LTD.

内 容 简 介

本书以全球化的视角全景式解读区块链技术的前世、今生及未来，内容涵盖区块链的技术原理、使用场景、正在开发的商业应用、发展趋势、前景展望等，重点描述区块链的商业应用、区块链技术广泛应用的风险和挑战，为读者全方位构建区块链的商业应用前景，引领读者积极拥抱区块链，赢在未来。

图书在版编目（CIP）数据

区块链技术原理及应用 / 马永仁著 .—北京：中国铁道
出版社，2019.6（2022.1 重印）
ISBN 978-7-113-25478-0

Ⅰ .①区… Ⅱ .①马… Ⅲ .①电子商务 - 支付方式
Ⅳ .① F713.361.3

中国版本图书馆 CIP 数据核字（2019）第 020916 号

书　　名：区块链技术原理及应用
作　　者：马永仁

责任编辑：张亚慧　　　编辑部电话：（010）51873035　　　邮箱：lampard@vip.163.com
封面设计：MXK DESIGN STUDIO
责任印制：赵星辰

出版发行：中国铁道出版社有限公司（100054，北京市西城区右安门西街 8 号）
印　　刷：佳兴达印刷（天津）有限公司
版　　次：2019 年 6 月第 1 版　　2022 年 1 月第 2 次印刷
开　　本：700 mm×1 000 mm　1/16　印张：12.75　字数：196 千
书　　号：ISBN 978-7-113-25478-0
定　　价：49.00 元

版权所有　侵权必究

凡购买铁道版图书，如有印制质量问题，请与本社读者服务部联系调换。电话：（010）51873174
打击盗版举报电话：（010）63549461

PREFACE
前　言

2008 年，一位只闻其名未见其人的神秘人物——中本聪，通过一篇未在任何学术期刊上公开发表的神秘论文，把比特币带到这个世界。

诞生于虚拟世界的比特币代表了人类对于数学算法的一种共识。可以说，当时的比特币获得了人们的认可，不论是最初几十个比特币能换一份比萨，还是 2013 年 12 月 1 日，比特币的单价超过 1 盎司（约等于 28.35g）黄金的价格，比特币都在向世人展示其作为价值尺度的一面。

我们通过比特币，看其运行的技术和结构，即一种不需要中介却可以实现价值传递的技术，而这种技术就是区块链。

经过数年的发展，在如今这个互联网时代、数字化时代，乃至大数据时代，驱动金融发展的金融科技已经由移动互联网、大数据、云计算等应用层面，进一步转向了区块链等底层技术创新，区块链已经在成为金融科技的底层技术的同时，也正在被其他领域借鉴和引用。

为了更好地传播区块链技术，也为了使读者能够深入地理解区块链技术，在本书的写作中秉承了由浅入深、由理论到实践的思想，将全书分为三大部分：

第一部分（第 1 章至第 3 章），介绍了区块链技术的由来、核心思想及核心技术。

第二部分（第 4 章至第 7 章），重点介绍了区块链技术在大数据领域、金融领域、商业领域、社会契约等方面的应用以及已有区块链项目的落实和应用。

第三部分（第 8 章至第 9 章），对区块链技术在大数据领域、金融领域、商业领域应用的展望，以及正在开发使用的区块链项目的展望。

相信读者在阅读完本书后，在深入理解区块链核心概念和原理的同时，对于区块链的技术和典型设计实现也能了然于心，可以更加高效地开发基于区块链平台的去中心化、分布式应用。

作　者
2019 年 3 月

| 目 录 |
CONTENTS ○────────────────────────────────────

第 1 章

区块链技术：人人有本流水账

如今，随着互联网的快速发展，使用移动互联网开展的金融交易日益增加，人们更加关注资金使用效率和资金支付安全。区块链技术作为一项新兴的去中心化技术，通过数学算法建立共识机制，具有信息加密不可更改，分布式存储、交易效率高等优点，因此受到社会各界日益广泛的关注和重视，并吸引了越来越多的人积极探索、创新和应用。

但是，该如何理解区块链的形成呢？这就要从区块谈起，本章介绍区块和区块链的构成，以及具有数据库和账本功能的区块链。

本章导读：

➤ 存放数据的集成块——区块

➤ 区块的延续发展——区块链

➤ 区块链的分类与应用

➤ 静态区块链技术，略有变化的数据库

➤ 动态区块链技术，神奇的账本

1.1 存放数据的集成块——区块

关键词： 区块、集成块、存储

主要内容： 区块可以用来存放数据

讲区块链技术，必然先要讲区块。

什么是区块？区块是存放交易数据的一个集成块，就像是一个虚拟的、专门用来存储交易数据的盒子，也像是数据库里的一个记录了一些交易的表，或者像是传统的记录交易的流水账里的一页。

当然这个区块也是盒子，也或者是表或者是页，总之它有一点特殊，其特殊之处如图 1-1 所示。

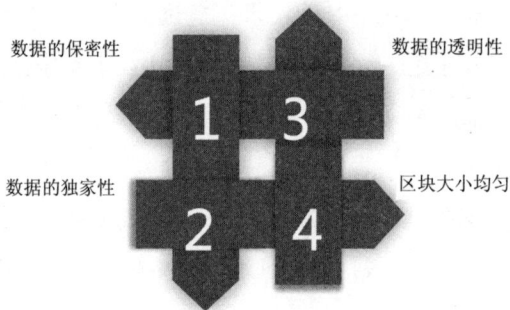

数据的保密性　　数据的透明性

数据的独家性　　区块大小均匀

● 图 1-1

（1）数据的保密性：即里面存储的数据只要是写进去了就不能改动。

（2）数据的透明性：即里面存储的数据是谁都可以看得到，看得真切，看得完全。

（3）数据的独家性：即里面存储的数据都是独一无二的，绝对不能重合。

（4）区块大小均匀：即每个区块的"个头"都差不多，有限定的尺寸，绝不能超标。目前，区块大小的限制是 1MB，未来有望扩容到 2MB。

区块的四个特点即为区块的本质，是区块有别于其他存储方式的根本。

1.2 区块的延续发展——区块链

关键词： 区块、区块链、链接

主要内容： 区块可以构成区块链

若是将区块的概念放入区块链中，就是数据以电子记录的形式被永久存储下来，区块是存放这些电子记录的文件。同时，区块是按时间顺序一个一个先后生成的，每一个区块记录下它在被创建期间发生的所有价值交换活动，所有区块汇总起来形成一个记录合集。

但区块是如何构成区块链的呢？这就不得不提到区块结构。

区块结构是组成区块链的基础构造，所有区块汇总中，就包含了区块结构，区块中会记录下区块生成时间段内的交易数据，区块主体实际上就是交易信息的合集。

每一种区块链的结构设计可能不完全相同，但大结构上都可以分为块头（header）和块身（body）两部分，如图 1-2 所示。

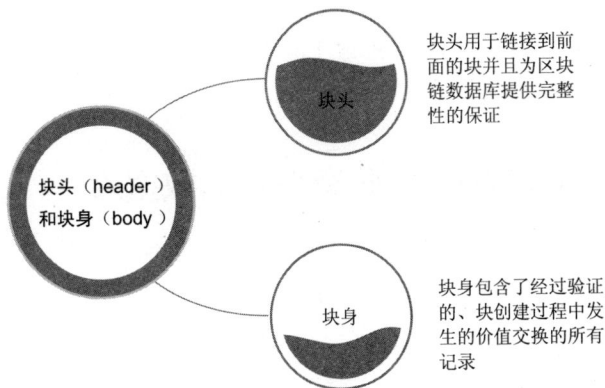

块头用于链接到前面的块并且为区块链数据库提供完整性的保证

块头（header）和块身（body）

块头

块身

块身包含了经过验证的、块创建过程中发生的价值交换的所有记录

● 图 1-2

这种区块结构有两个非常重要的特点：第一个特点，每一个区块上记录的交易是上一个区块形成之后，该区块被创建前发生的所有价值交换活动，

这个特点保证了数据库的完整性。

第二个特点，在绝大多数情况下，一旦新区块完成后被加入区块链的最后，则此区块的数据记录就再也不能改变或删除，正是这个特点保证了数据库的严谨性，即无法被篡改。

所以，区块链就是区块以链的方式组合在一起，以这种方式形成的数据库叫作区块链数据库，也就是说，区块链是系统内所有节点共享的交易数据库，这些节点基于价值交换协议参与到区块链的网络中来。

因为每一个区块的块头都包含了前一个区块的交易信息压缩值，这就使得从创世块（第一个区块）到当前区块连接在一起形成了一条长链。

但是，如果不知道前一区块的"交易缩影"值，就没有办法生成当前区块，因此每个区块必定按时间顺序跟随在前一个区块之后。

正是这种所有区块包含前一个区块引用的结构让现存的区块集合形成了一条数据长链。

"区块 + 链"的结构为我们提供了一个数据库的完整历史，从第一个区块开始，到最新产生的区块为止，区块链上存储了系统全部的历史数据。

区块链为我们提供了数据库内每一笔数据的查找功能。区块链上的每一条交易数据，都可以通过"区块链"的结构追本溯源，一笔一笔进行验证。

由此，区块就以链的方式，形成了区块链。

1.3 静态区块链技术，略有变化的数据库

关键词：静态区块链、数据库、特点

主要内容：区块链与传统数据库存在不同

上一节中我们了解了什么是区块链，区块链就是给区块加上链，利用数据短链把一个个的区块连接起来，形成一个完整的链状数据存储结构。也就像是用铁链穿起来的一串小盒子，以链的方式连起各个表构成的数据库。

1.3.1　数据库的特点

同样，这个区块链，也就是小盒子串或者数据库，有着非同寻常之处，如图 1-3 所示。

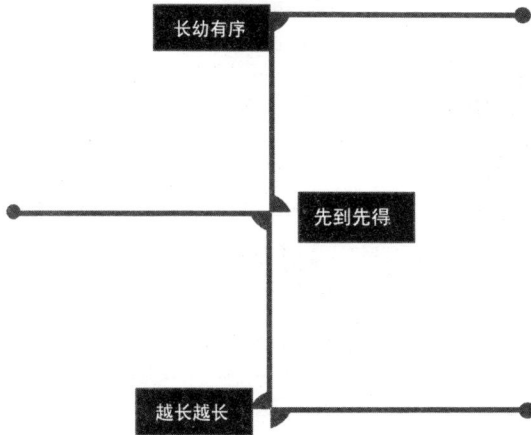

- 图 1-3

1. 长幼有序

区块链上的每个区块都是按照时间顺序，有着从小到大的编号。对于比特币的区块链来说，就是从 0（以前是 1）开始，一个数一个数地增加。

2. 先到先得

适合用来串链的链条有很多，但是，一旦某一个适合的链条被人选中之后，其他合适的链条就都不可以再用了。最先被选中的这根链条也就变成了唯一的了。

3. 越长越长

随着时间的流逝，区块链的区块大体上匀速增加，区块链会越长越长，也就是说，区块链是系统内所有节点共享的交易数据库，这些节点基于价值交换协议参与到区块链的网络中来。

1.3.2　区块链数据库与传统数据库的区别

传统数据库使用客户端 – 服务器网络架构，如图 1-4 所示。

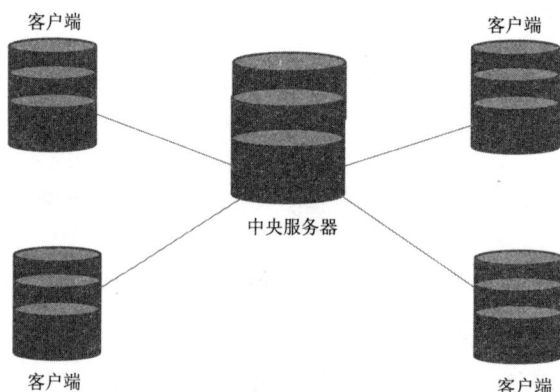

• 图 1-4

在上图这种结构中，用户（或称为客户端）可以修改存储在中央服务器中的数据。

数据库的控制权保留在获得指定授权的机构处，它们会在用户试图接入数据库前对其身份进行验证。由于授权机构对数据库的管理负责，如果授权机构的安全性受到损害，则数据面临被修改、甚至被删除的风险。

同时，在传统数据库中，客户可以对数据执行四种操作：创建、读取、更新和删除（统称为 CRUD 命令）。

而区块链数据库由数个分散的节点组成，如图 1-5 所示。

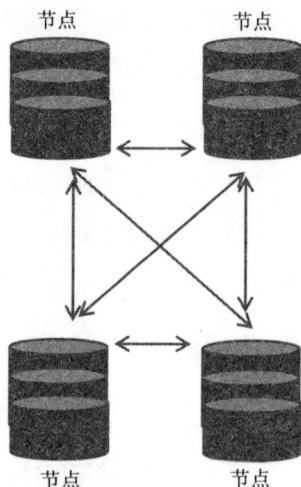

区块链数据库中的每一个节点都会参与数据管理：所有节点都会验证新加入区块链的内容，并将新数据写入数据库。

对于加入区块链的新内容，大多数节点必须达成一致才能成功写入，正是采用了这种共识机制（关于共识机制的内容，将在本书第 2 章介绍），保证了网络安全，让篡改内容变得非常困难。

• 图 1-5

区块链技术区别于传统数据库技术的一大特点就是其具备公开可验证性，这是通过完整性与透明度来实现的，如图 1-6 所示。

1. 完整性

每个用户都可以得到这样的保证——他们所检索的数据自被记录的那一刻起不会遭到损坏或改写。

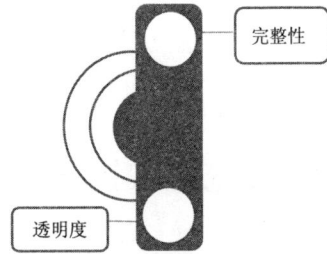

● 图 1-6

2. 透明度

每个用户都可以获知并验证区块链内容是如何随着时间推移而变化的。

与传统数据库用户对数据执行的操作不同，区块链只能增加，用户只能以附加块的形式添加数据，所有先前的数据被永久存储，无法更改，因此，区块链仅能执行图 1-7 中的操作：

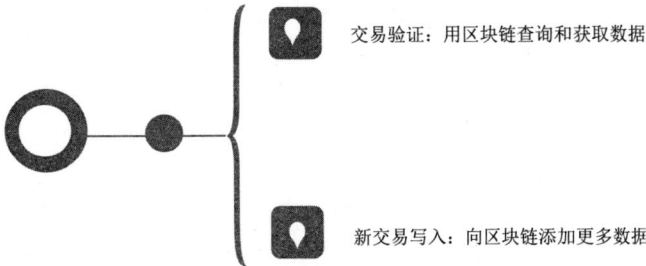

交易验证：用区块链查询和获取数据

新交易写入：向区块链添加更多数据

● 图 1-7

区块链具备上图这两个功能：交易验证和新交易写入。

交易验证是一种改变区块链上数据状态的操作，区块链上之前的条目永远保持不变，而新交易写入可以改变之前条目中数据的状态。

例如，如果区块链记录某个人的比特币钱包中有 100 万比特币，该数字永久存储在区块链中，当花费 20 万比特币时，该交易也被记录在区块链上，即余额为 80 万比特币。

但是，由于区块链只能不断加长，数据不能删除，因此这次交易之前的余额 100 万比特币仍然永久保存在区块链上。

这就是为什么区块链通常指不可更改的分布式账本（关于分布式账本的知识，在本书第 2 章中将详细介绍）。

到目前为止，我们所说的只是静态的区块链，静态的区块链只能说是一种略有变化的数据库，一本特殊点的流水账本。

而使区块链真正大放光彩的其实是它的动态部分，笔者在下一节中会做详细介绍。

1.4 动态区块链技术——神奇的账本

关键词： 动态区块链、账本、交易方式

主要内容： 简介区块链的账本性质

谈到动态区块链技术，笔者先给大家讲一个自编的股票交易故事。

在某证券业非常发达的国家，有一只非常非常火的股票——度百股票，每天，上千万股的度百股票通过交易中介，被成千上万个交易者买卖着，当然也有大量的度百股票被一些投资者持有着，如图 1-8 所示。

持有者

交易中介者、持有者和个人投资者分别记录着自己的，或者自己服务的人或机构的有关度百股票交易或持有的信息

交易中介者　　　　个人交易者

● 图 1-8

如图 1-8 所示，正是因为这些交易中介、个人交易者、持有者分别记录股票的信息，也就是都持有一本自己用的、关于度百股票的账本，于是在全国就有成千上万本各式各样的、内容迥异的关于度百股票的账本。

由于在记账时时常会发生各种各样、有意无意的失误，经常是纷争不断。

某一天，所有人一起突发奇想，决定将所有关于度百股票的账本全部集中起来，一本不落，合订成一个账。

恰巧，市场上新出现了一种神奇账本，任何文字一写到这个账本上就无法进行任何更改，图 1-9 中就显示出了这个账本的具体用法。

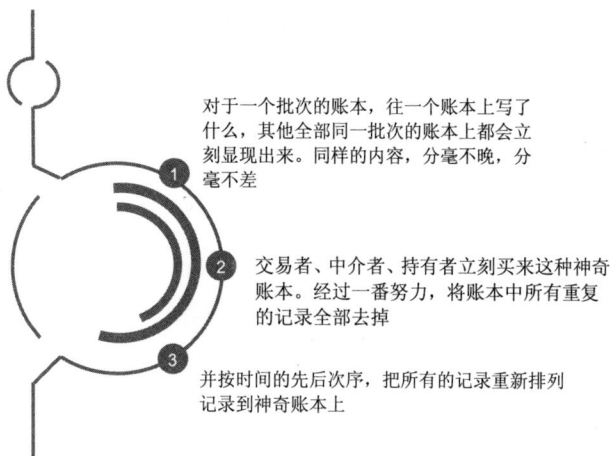

对于一个批次的账本，往一个账本上写了什么，其他全部同一批次的账本上都会立刻显现出来。同样的内容，分毫不晚，分毫不差

交易者、中介者、持有者立刻买来这种神奇账本。经过一番努力，将账本中所有重复的记录全部去掉

并按时间的先后次序，把所有的记录重新排列记录到神奇账本上

• 图 1-9

有了图 1-9 这种神奇账本，就好比有了一个全国统一的大账本，大家就将原来的各式各样的小账本全部烧掉。

随后，给所有的相关人员人手发放一份用同一批次神奇账本做的新账本。同时约定，每个人都保管一个新的账本，账本上今后任何内容的添加都必须预先得到大多数账本持有者的检查和同意才行。

从此以后，天下太平，其乐融融。后来，大家又一致同意将度百股票更名为度百币。

1.5　区块链的分类与应用

关键词：区块链、划分、应用

主要内容：区块链可以划分成公有链、联盟链、私有链与侧链

了解了略有变化的数据库和神奇的账本之后，现在我们来了解一下区块链的划分与应用。

1.5.1　区块链的分类

区块链可以进行分类，如图 1-10 所示。

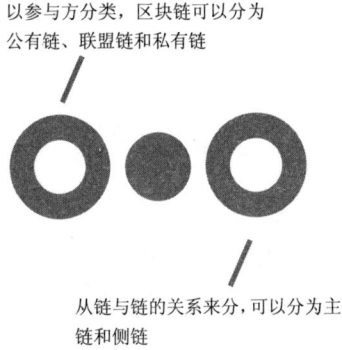

以参与方分类，区块链可以分为
公有链、联盟链和私有链

从链与链的关系来分，可以分为主
链和侧链

● 图 1-10

1. 公有链（Public Blockchain）

公有链通常也称为非许可链（Permissionless Blockchain），无官方组织及管理机构，无中心服务器，参与的节点按照系统规格自由接入网络、不受控制，节点间基于共识机制开展工作。

公有链是真正意义上的完全去中心化的区块链，它通过密码学保证交易不可篡改，同时也利用密码学验证以及经济上的激励，在互为陌生的网络环境中建立共识，从而形成去中心化的信用机制。

2. 联盟链（Consortium Blockchain）

联盟链是一种需要注册许可的区块链，这种区块链也称为许可链（Permissioned Blockchain），联盟链是有限制的，如图 1-11 所示。

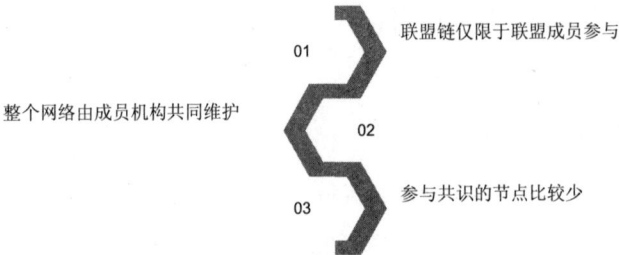

整个网络由成员机构共同维护

01

联盟链仅限于联盟成员参与

02

03

参与共识的节点比较少

● 图 1-11

联盟链中的网络接入一般通过成员机构的网关节点接入，共识过程由预先选好的节点控制，整个网络是成员一起维护的。

同时，区块链上的读写权限、参与记账权限按联盟规则来制定，也就是说，联盟链仅限于联盟成员参与。因为联盟链的性质，联盟链一般不采用工作量证明的挖矿机制，而是多采用权益证明（PoS）或 PBFT、RAFT 等共识算法。

3. 私有链（Private Blockchain）

私有链建立在某个企业内部，系统的运作规则根据企业要求进行设定。

私有链的价值主要是提供安全、可追溯、不可篡改、自动执行的运算平台，可以同时防范来自内部和外部对数据的安全攻击，这在传统的系统上是很难做到的。

4. 侧链（Side Chain）

侧链是用于确认来自于其他区块链的数据的区块链，通过双向挂钩（Twoway Peg）机制使比特币、Ripple 币等多种资产在不同区块链上以一定的汇率实现转移。

以比特币为例，侧链的运作机制是将比特币暂时锁定在比特币区块链上，同时将辅助区块链上的等值数字货币解锁；当辅助区块链上的数字货币被锁定时，原先的比特币就被解锁。

1.5.2 公有链、联盟链、私有链与侧链的区别

在区块链领域经常出现的公有链、联盟链、私有链、侧链，这些区块链有着各自的特点和不同应用场景，如图 1-12 所示。

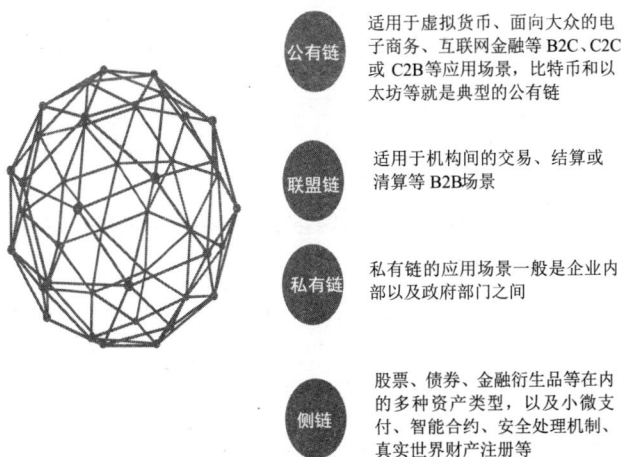

公有链　适用于虚拟货币、面向大众的电子商务、互联网金融等 B2C、C2C 或 C2B 等应用场景，比特币和以太坊等就是典型的公有链

联盟链　适用于机构间的交易、结算或清算等 B2B 场景

私有链　私有链的应用场景一般是企业内部以及政府部门之间

侧链　股票、债券、金融衍生品等在内的多种资产类型，以及小微支付、智能合约、安全处理机制、真实世界财产注册等

● 图 1-12

区块链技术原理及应用

1. 公有链

公有链适用于虚拟货币、面向大众的电子商务、互联网金融等 B2C、C2C 或 C2B 等应用场景。公有链可以对所有人开放，任何人都可以参与，是因为公有链的三个特点，如图 1-13 所示：

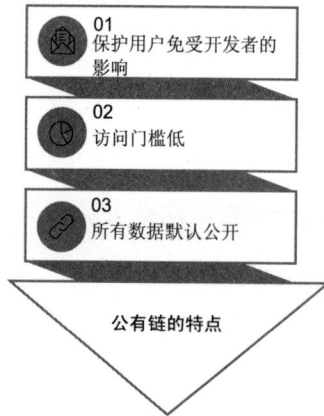

● 图 1-13

（1）保护用户免受开发者的影响：在公有链中程序开发者无权干涉用户，所以区块链可以保护使用他们开发的程序的用户。

（2）访问门槛低：任何拥有足够技术能力的人都可以访问，也就是说，只要有一台能够连网的计算机就能够满足访问的条件。

（3）所有数据默认公开：所有关联的参与者都隐藏自己的真实身份，这种现象十分的普遍。公有链通过数据公开的公有性来保护数据安全性，在这里每个参与者可以看到所有的账户余额和其所有的交易活动。

2. 联盟链

联盟链适用于机构间的交易、结算或清算等 B2B 场景，这是基于联盟链对特定的组织团体开放的特点。

3. 私有链

私有链能够对单独的个人或实体开放，私有链的应用场景一般是企业内部的应用，如数据库管理、审计等；在政府行业也会有一些应用，比如政府的预算和执行，或者政府的行业统计数据，这主要是因为私有链的四个特点，如图 1-14 所示。

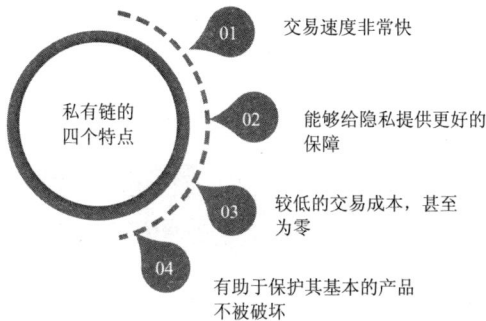

• 图 1-14

（1）交易速度非常快：相比较其他的区块链，私有链的交易速度非常快，甚至接近了并不是一个区块链的常规数据库的速度。速度之所以很快，是因为就算少量的节点也都具有很高的信任度，并不需要每个节点都来验证一个交易。

（2）能够给隐私提供更好的保障：私有链的安全保障较为完善，私有链使得在那个区块链上的数据隐私政策，使得数据好像在另一个数据库中似的，不会被任何拥有网络连接的人获得。

（3）较低的交易成本，甚至为零：在私有链上可以进行完全免费或者说是非常廉价的交易，比如一个实体机构控制和处理所有的交易，那么，他们就不再需要为工作而收取费用。

（4）有助于保护其基本的产品不被破坏：正是这一点使得银行等金融机构能在目前的环境中欣然接受私有链，银行和政府在看管他们的产品上拥有既得利益，用于跨国贸易的国家法定货币仍然是有很强的参与性。

4. 侧链

侧链之所以能够适用于包括股票、债券、金融衍生品等在内的多种资产类型以及小微支付、智能合约、安全处理机制、真实世界财产注册等方面，是因为侧链进一步扩展了区块链技术的应用范围和创新空间，侧链区块链支持包括股票、债券、金融衍生品等在内的多种资产类型，以及小微支付、智能合约、安全处理机制、真实世界财产注册等。

1.5.3　区块链的应用层面

Melanie Swan 在《区块链：新经济蓝图》一书中把区块链分为三个应用层面，如图 1-15 所示。

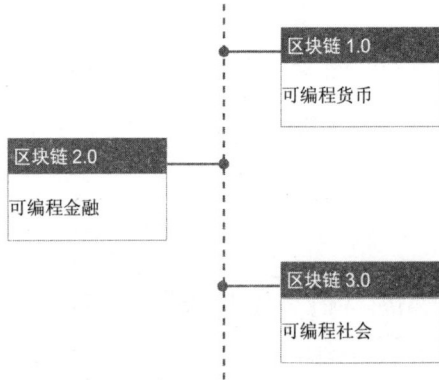

• 图 1-15

1. 区块链 1.0：可编程货币

区块链 1.0 时代，主要是和现金有关，包含例如货币转移、汇兑和支付系统等，最为我们熟知的就是以比特币为代表的可编程货币。

在区块链领域内，与货币和支付有关的区块链应用统称为 1.0 应用。

在区块链 1.0 中，区块链上记录的是数字货币本身，而这些数字货币以区块链为母体，因此可以将这些数字货币称作原生资产。

在区块链上，原生资产的财产本体和权利证明是合二为一的。拥有对应的私钥，就拥有了对应账户下数字货币的绝对支配权，而无须任何第三方（如银行）的确认或协助。

2. 区块链 2.0：可编程金融

区块链 2.0 对应的是智能合约，主要应用在经济、市场、金融等领域，但其可延伸范围比简单的现金转移要宽广，可延伸到诸如股票、债券、期货、贷款、按揭、产权等实体的本体财产。

而区块链上登记的只是实体世界财产权利的一种映射，拥有对应的私钥，只能保证映射资产在区块链上的支配权，而在实体里真正行使权利时，往往都需要第三方的介入和配合。

但区块链 2.0 通过智能合约颠覆了传统货币和支付的概念，基于区块链 2.0 思想，在实体金融市场上运作的相关的资产交易，通过合约都可以在区块链上得以实现。

3. 区块链 3.0：可编程社会

区块链 3.0 对应的是超越货币、金融、市场以外的应用，也就是说区块链 3.0 主要研究区块链在非金融领域中的价值。

传统中心化的体制和社会运行体系，让社会的发展及信用背书局限在一定机构、国家内传递，这一局限性导致在全球活动中，信用和共识问题日益突出。

而区块链 3.0 时代，通过纯数学方法建立信任关系，这一机制使得区块链系统中的参与者在不需要了解对方基本信息的情况下，就可进行可信任、安全的价值交换，实现了平行社会中"不信任参与者，但信任结果"的信任和共识问题。

第 2 章

区块链结构原理——老树开新花

2007 年 8 月，美国的次贷危机引发了一场金融风暴，并快速蔓延至欧盟和日本等世界主要金融市场。次贷危机，可以简单理解为贷款机构向偿还能力弱的借款人提供贷款而引发的金融危机，主要是由金融监管制度的缺陷和不足造成的。随后，人们开始反思当前金融监管制度的问题和缺陷，并积极探索新的监管体制和方式。

在这种背景下，2008 年一个化名为中本聪（Dorian S. Nakamoto）的自称是日裔美国人的人，在信息加密论坛发表了一篇论文——《比特币：一种点对点的电子现金系统》，提出了比特币的概念，并运用了去中心机制、共识机制与分布式账本的技术原理。本章主要介绍比特币的诞生，区块链与比特币的关系以及区块链的结构原理。

本章导读：

➤ 诞生自中本聪的比特币

➤ 了解区块链与比特币

➤ 颠覆世界的动因之一：去中心机制

➤ 颠覆世界的动因之二：共识机制

➤ 颠覆世界的动因之三：分布式结构

2.1 诞生自中本聪的比特币

关键词： 比特币、区块链、中本聪

主要内容： 中本聪在神秘的论文中创造出了比特币

提到比特币，或许你已经不感到陌生，2008 年 11 月 1 日，一个自称中本聪（Satoshi Nakamoto）的人在一个隐秘的密码学评论组上贴出了一篇研讨陈述，陈述了他对电子货币的新设想，并描述了比特币的模式，论文的简介如下。

"本文提出了一种完全通过点对点技术实现的电子现金系统，它使得在线支付能够直接由一方发起并支付给另外一方，中间不需要通过任何金融机构。虽然数字签名（Digital signatures）部分解决了这个问题，但是如果仍然需要第三方的支持才能防止双重支付（double-spending）的话，那么这种系统也就失去了存在的价值。我们在此提出一种解决方案，使现金系统在点对点的环境下运行，并防止双重支付问题。该网络通过随机散列（hashing）对全部交易加上时间戳（timestamps），将它们合并入一个不断延伸的、基于随机散列的工作量证明（proof-of-work）的链条作为交易记录，除非重新完成全部的工作量证明，形成的交易记录将不可更改。最长的链条不仅将作为被观察到的事件序列（sequence）的证明，而且被看作是来自 CPU 计算能力最大的池（pool）。只要大多数的 CPU 计算能力都没有打算合作起来对全网进行攻击，那么诚实的节点将会生成最长的、超过攻击者的链条。这个系统本身需要的基础设施非常少。信息尽最大努力在全网传播即可，节点 (nodes) 可以随时离开和重新加入网络，并将最长的工作量证明链条作为在该节点离线期间发生的交易的证明。"

2008 年 11 月 1 日凌晨 2∶10，中本聪又发出了题为"Bitcoin P2P

e-cash paper"（比特币 P2P 电子现金论文）的邮件。在该邮件中他给出了附有上述见解的论文的链接，重述了比特币的五个主要特性，如图 2-1 所示。

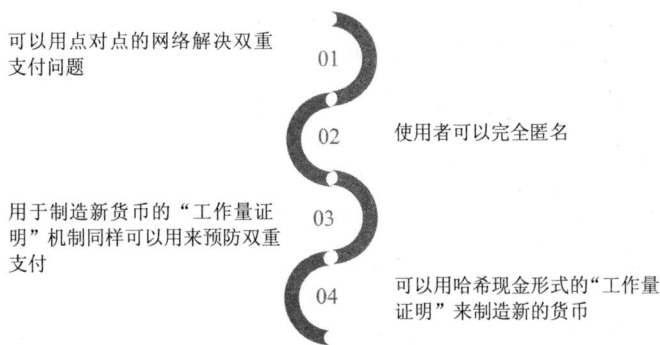

可以用点对点的网络解决双重支付问题　01

02　使用者可以完全匿名

用于制造新货币的"工作量证明"机制同样可以用来预防双重支付　03

04　可以用哈希现金形式的"工作量证明"来制造新的货币

• 图 2-1

于是，比特币就此面世。中本聪创造出来的比特币基于无国界的对等网络，用共识主动性开源软件发明创立的，是加密货币及区块链的始祖，也是目前知名度与市场总值最高的加密货币。

比特币揭露了散布总账的弊端、摆脱了第三方机构的制约，中本聪称为"区域链"的运行过程如图 2-2 所示。

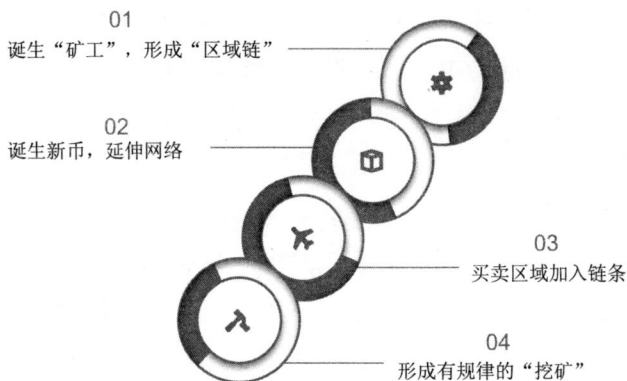

01　诞生"矿工"，形成"区域链"

02　诞生新币，延伸网络

03　买卖区域加入链条

04　形成有规律的"挖矿"

• 图 2-2

区块链技术原理及应用

1. 诞生"矿工"，形成"区域链"

用户愿意奉献出 CPU 的运算能力，运转一个特别的软件来做一名"挖矿工"，这会构成一个网络共同来保持"区域链"。

2. 诞生新币，延伸网络

在这个过程中也会生成新币。买卖也在这个网络上延伸，运转这个软件的电脑正向破解不可逆暗码难题，这些难题包含好几个买卖数据。

3. 买卖区域加入链条

第一个处理难题的"矿工"会得到 50 比特币奖赏，相关买卖区域加入链条。

4. 形成有规律的"挖矿"

"矿工"数量是会不断增加的，但是每个谜题的艰难程度也随之提高，这使每个买卖区的比特币生产率保持在约 10 分钟一枚。

从运行上来看，比特币实际上是一个互联网上的去中心化账本（在本书的"动态区块链技术，神奇的账本"中也有介绍）。

使用比特币是通过私钥作为数字签名，允许个人直接支付给他人，不需经过如银行、清算中心、证券商等第三方机构，从而避免了手续费高、流程烦琐等问题。

和法定货币相比，比特币没有一个集中的发行方，而是由网络节点的计算生成，谁都有可能参与制造比特币，而且可以全世界流通，可以在任意一台接入互联网的电脑上买卖，不管身处何方，任何人都可以挖掘、购买、出售或收取比特币，并且在交易过程中外人无法辨认用户身份信息。

但比特币的创始人"中本聪"的身份一直都是个谜。中本聪本人在互联网上留下的个人资料很少，尤其是近几年几乎完全销声匿迹。所以，其身世也变成了一个谜。

2.2 区块链与比特币

关键词： 比特币、区块链、关系

主要内容： 比特币本质上就是一个基于互联网的去中心化账本，而区块链就是这个账本的名字

或许你还有疑问，明明本书的主旨是介绍区块链，为什么在上一节中却谈论到比特币，两者之间，到底是什么关系呢？本节笔者将深度解读比特币与区块链之间的关系。

比特币中"币"这个词语，虽然准确地描述了其金融属性，但由于过于形象，使得大多数人对于它如何能与完全虚拟的"比特"关联起来疑惑不解。

其实，在比特币的系统中，最重要的并不是"币"的概念，而是一个没有中心存储机构的"账本"的概念（上文曾说过"从运行上来看，比特币实际上是一个互联网上的去中心化账本"），而"币"的概念，是在这个账本上使用的记账单位。

所以，比特币本质上就是一个基于互联网的去中心化账本，而区块链就是这个账本的名字。

虽然如此，但是区块链与比特币还是存在区别的，如图 2-3 所示。

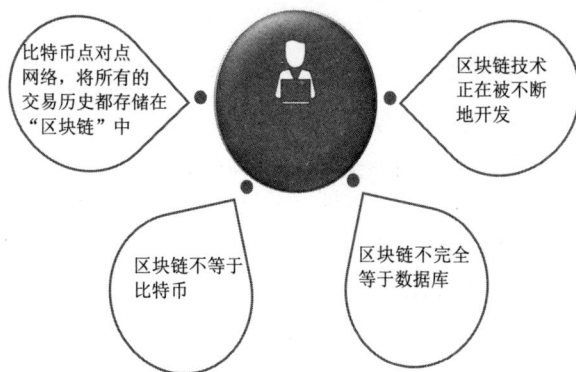

• 图 2-3

1. 比特币点对点网络，将所有的交易历史都存储在"区块链"中

为什么比特币点对点网络，能够将所有的交易历史都存储在"区块链"中？其原理如图 2-4 所示。

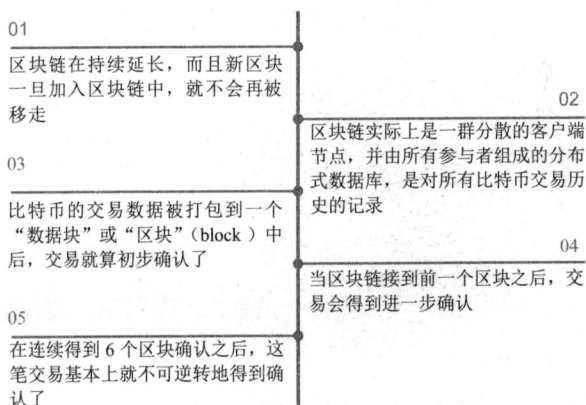

01 区块链在持续延长，而且新区块一旦加入区块链中，就不会再被移走

02 区块链实际上是一群分散的客户端节点，并由所有参与者组成的分布式数据库，是对所有比特币交易历史的记录

03 比特币的交易数据被打包到一个"数据块"或"区块"（block）中后，交易就算初步确认了

04 当区块链接到前一个区块之后，交易会得到进一步确认

05 在连续得到 6 个区块确认之后，这笔交易基本上就不可逆转地得到确认了

● 图 2-4

2. 区块链不等于比特币

虽说区块链的基本思想诞生于比特币的设计中，但两者却又不同。

比特币侧重于挖掘数字货币的实验性意义，而区块链侧重于从技术层面探讨和研究可能带来的商业系统价值，试图在更多的场景下释放智能合约和分布式账本带来的科技潜力。

3. 区块链不完全等于数据库

虽然区块链也可以用来存储数据（在本书第 1 章"静态区块链技术，略有变化的数据库"一节中有过介绍），但它要解决的核心问题是多方的互信问题。

单纯从存储数据角度看，区块链的效率可能不高，也不推荐把大量的原始数据放到区块链系统上。但是，在现有的区块链系统中，与数据库相关的技术十分关键，直接决定了区块链系统的吞吐性能。

4. 区块链技术正在被不断地开发

作为融合多项已有技术而出现的新事物，区块链跟现有技术的关系是一脉相承的。

比特币在解决多方合作和可信处理上向前多走了一步，可并不意味着它是万能的。但不可否认的是，区块链所适用的场景正在被人们不断地研究和开发。

到这里你可能会恍然大悟，区块链是比特币的核心与基础架构，是一个去中心化的账本系统，也就是说，区块链虽然脱胎于比特币，但区块链无论作为一个系统还是作为一项技术，它的应用领域及发展潜力远不止货币。

2.3 颠覆世界的动因之一: 去中心机制

关键词: 区块链、去中心机制、拜占庭将军问题

主要内容: 去中心机制能够解决"沙丁鱼抵御鲨鱼"与"拜占庭将军问题"，是区块链的核心技术之一

从技术的角度来看，区块链就是比特币的基础架构方式，而区块链中的去中心机制，是区块链的一大技术核心。

2.3.1 沙丁鱼抵御鲨鱼

想要理解去中心化的含义，在这里，笔者先讲一个"沙丁鱼抵御鲨鱼"的故事。

我们知道，海洋里面有许多厉害且凶残的鲨鱼，它们是在海洋食物链的最上层。与庞大的鲨鱼相比，沙丁鱼简直是微不足道的，甚至没有任何的抵抗能力，也没有躲避能力。但是，面对凶残的鲨鱼捕食，沙丁鱼该如何抵御呢? 如图 2-5 所示。

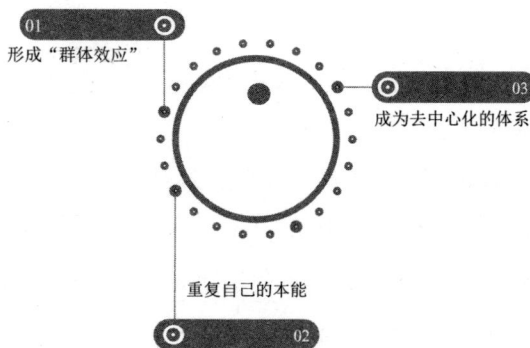

01 形成"群体效应"

03 成为去中心化的体系

重复自己的本能

02

● 图 2-5

1. 形成 "群体效应"

弱小的沙丁鱼在进化中学会了形成 "群体效应"，当天敌鲨鱼冲过来时，沙丁鱼们会聚拢在一起形成一个群体，而且这个群体规则非常简单，每条沙丁鱼只要盯紧它周围前后左右的鱼，与其保持相同的距离和方向。

2. 重复自己的本能

当鲨鱼扑向沙丁鱼群时，鱼群的变化会让鲨鱼变得不知道该捕捉哪。

于是，每一条沙丁鱼都在重复自己的本能，而当全体沙丁鱼都正确地做出动作时，它们就变成了一个流动性的整体，让鲨鱼找不到进攻的目标和方向。

3. 成为去中心化的体系

我们可以把这个沙丁鱼群，看成是一个去中心化的体系，这个体系可以让它们在残酷的自然界中生存下来，不断进化。

区块链中就包含了沙丁鱼群具备的去中心化特征，而区块链的种种特性——去中心化机制、共识机制、分布式结构所形成的规则，使原本散落在全球的交易数据第一次在网际间流动聚合，涌现出一个价值数据的巨大 "沙丁鱼群"，也演化出其自身的种种智能。

2.3.2 拜占庭将军问题

在揭开去中心机制的谜底之前，来回顾一个历史上的经典问题：拜占庭将军问题。

拜占庭将军问题（Byzantine failures）是由莱斯利·兰伯特提出的点对点通信中的基本问题，含义是在存在消息丢失的不可靠信道上，试图通过消息传递的方式达到一致是不可能的，故事主要情节如图 2-6 所示。

这里，我们来详细还原这个故事。

由于当时拜占庭帝国国土辽阔，出于防御目的，每支军队都相隔很远，将军与将军之间只能靠信差传送消息。

在战争的时候，拜占庭军队内所有将军和副官必须达成共识，决定是否有赢的机会才去攻打敌人的阵营。

每支军队相隔很远，传送消息靠信差

战争的时候，需达成共识

军队中可能存在叛徒和敌军的间谍

间谍出现时，如何达成共识

● 图 2-6

但是，在军队内有可能存在叛徒和敌军的间谍，会左右将军们的决定又扰乱整体军队的秩序。所以，在进行共识时，其结果难以代表大家的全部意见。

这时候，在已知有成员谋反的情况下，其余忠诚的将军在不受叛徒的影响下如何达成一致的协议，是一个难题，于是，拜占庭将军问题就此形成。

其实，拜占庭将军问题是一个协议问题，拜占庭帝国军队的将军们必须一致同意是否攻击某一支敌军。

问题是这些将军在地理上是分隔开来的，且不排除将军中有叛徒。所以，达成共识并不是那么简单，而是有可能会出现如图 2-7 所示的这些问题：

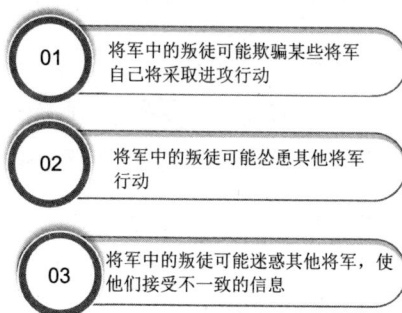

01　将军中的叛徒可能欺骗某些将军自己将采取进攻行动

02　将军中的叛徒可能怂恿其他将军行动

03　将军中的叛徒可能迷惑其他将军，使他们接受不一致的信息

● 图 2-7

如果出现了上图中的任意一种情况，则任何攻击行动都注定是要失败的，因为只有完全达成一致的努力才能获得胜利，所以，最大的问题就是将军之

间如何能够达成共识。

为了便于分析，我们可以建立一个模型来表示，如图 2-8 所示：

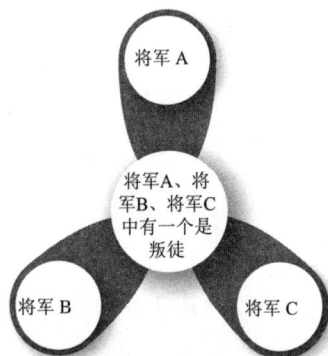

● 图 2-8

模型中，当将军 A 发出进攻命令时，会把命令传递给将军 B 和将军 C。

如果将军 B 是叛徒，将军 B 可能告诉将军 C，将军 B 收到的是"撤退"的命令，这时将军 C 收到一个"进攻"，一个"撤退"的命令，于是，将军 C 被信息迷惑，不知道哪一个才是真实命令。

如果将军 A 是叛徒，告诉将军 B"进攻"，而告诉将军 C"撤退"，当将军 C 告诉将军 B，将军 C 收到"撤退"命令，但是，由于将军 B 收到了将军 A"进攻"的命令，也就无法与将军 C 保持一致的命令。

正由于上述原因，在只有三个角色的系统中，只要有一个是叛徒，即叛徒数是 1/3，拜占庭将军问题便不可解。

历史上并没有真正的拜占庭将军的问题，在前文中笔者也说过，这是一个莱斯利·兰伯特提出的点对点通信中的基本问题，但是，这个例子却完美地表达了分布式一致性的核心问题。

其实，一致性问题尤其是分布式系统的一致性问题是个很大的概念，也是计算机科学领域很早就在研究的内容。

传统上对这个问题的研究是为了增加分布式系统的可靠性，比如 Twitter、Facebook 这样的系统，它们有很多服务器，同时记录着系统上发生的所有行为。

每一条信息分别记录在不同的后台节点上，系统具有分布式的特征，如果记录出现不一致，就有可能发生用户信息丢失的情况。

时至今日，这样的系统也没有达成完美的一致性，分布式系统和去中心化系统并不是等同的概念，但是都要面对在缺乏信任的前提下如何取得一致的问题。

在任何一个系统中，不一致的信息都会造成系统混乱。去中心化的系统没有中央管理机构，因而信息传播的一致性更是关键的问题。

2.3.3 去中心化问题的解决

如何解决拜占庭将军的问题，中本聪提出了解决方案，就是本书的第 1 章中所提到的区块链，区块链的构成在这里不详细解释（请回看本书第 1 章），这里重点讲解区块链中的去中心机制。

去中心机制，就是中心的弱化，也是中心的多元化，根据中本聪的设计，区块链通过构造一个以"竞争—记账—奖励"为核心的经济系统，其运行过程如图 2-9 所示。

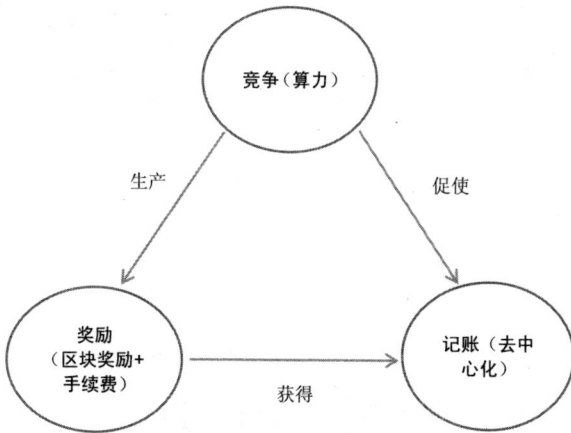

● 图 2-9

在上图这个结构中，每一个节点只需要根据自身利益行事，也出于"自私"的目的进行竞争，最终造就了保护系统安全的庞大算力基础，提升了系统的可靠性，可以说实现了最基本的去中心化。

图 2-10 剖析了去中心化的三点核心意义。

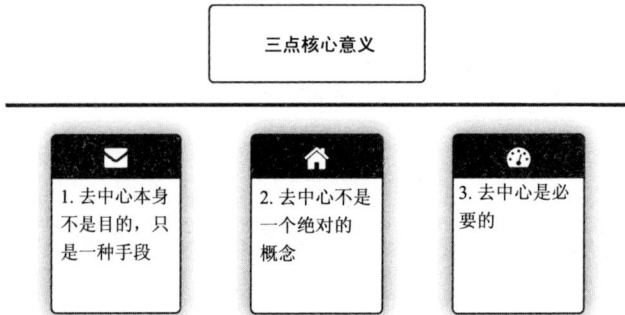

• 图 2-10

1. 去中心本身不是目的，只是一种手段

去中心是"中本聪记账法"为了实现兼顾所有利益相关者的利益所采用的一种特殊手段。

2. 去中心不是一个绝对的概念

严格意义上讲应该是泛中心，因为，绝对的没有中心是无法实现的，至少现阶段是无法实现的。

3. 去中心是必要的

去中心化并不是一个描述状态的词，而是一个描述过程的词，状态的去中心化并不意味着过程的去中心化，僵尸网络的节点在状态上是分散的，但在行为模式上具有高度一致性。去中心化的本意是指每个人参与共识的自由度，有参与的权利，也有退出的权利。

2.4 颠覆世界的动因之二：共识机制

关键词： 区块链、共识机制、四类共识机制

主要内容： 共识机制，就是所有记账节点之间如何达成共识，共识机制是区块链的核心技术之一

在讲解共识机制之前，请你先来思考一个问题，即"我们的面包来自于哪里？"

亚当·斯密在《国富论》中说道："我们的晚餐并非来自屠夫、酿酒师或者面包师傅的仁慈之心，而是他们的自利之心。我们不要说唤起他们利他心的话语，而要说唤起他们利己心的话语。我们不说自己有需要，而要说对他们有利。"

你是否赞同亚当·斯密的说法呢？

我想答案应该是"赞同"，因为在市场经济中，仿佛存在一个去中心化的系统，这个系统中的共识机制就是市场经济制度，市场中的每个参与者都在遵守商业规则，按照自己利益最大化的原则做自己的事情，也按照自己利益最大化的原则与他人达成合作，这就共同推动了市场经济的发展。

在中心化的结构体系中，系统的共识由中心决定，各个参与者只需要服从这个中心即可。所以共识的建立是必要且高效的；而在去中心化的结构体系中，由于各参与者的地位平等，当出现意见不统一的时候，如何让意见相统一，就是一个难题。

所以，共识机制，即在足够大的范围内，各种各样的个体之间如何形成统一意见的机制。

共识机制，就是所有记账节点之间如何达成共识，去认定一个记录的有效性，这既是认定的手段，也是防止篡改的手段。

图 2-11 剖析了共识机制的两点核心意义。

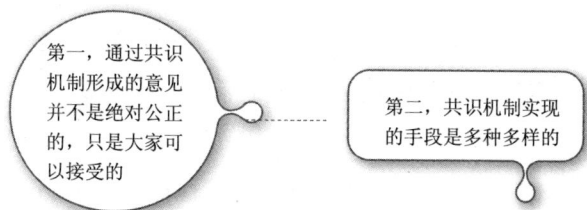

第一，通过共识机制形成的意见并不是绝对公正的，只是大家可以接受的

第二，共识机制实现的手段是多种多样的

● 图 2-11

区块链所建立的是一种去中心化的共识机制，这种共识机制结合了数字

加密和博弈论，使得参与者无须任何外部强制约束的情况下，即自行形成了相互牵制的可信环境。

这种可信的环境去除了中心化授权中外部的管制的必要性，甚至恰恰是建立在互不信任的基础之上的，于是这种去中心化、去信任的区块链架构所解决的正是这个充满虚拟与匿名的网络世界的信用与治理问题。

目前主要有四大类共识机制，如图 2-12 所示。

● 图 2-12

1. PoW

PoW 也是工作量证明，也就是比特币的挖矿机制，矿工通过把网络尚未记录的现有交易打包到一个区块，然后不断遍历尝试来寻找一个随机数，使得新区块加上随机数的哈希值满足一定的难度条件。

找到满足条件的随机数，就相当于确定了区块链最新的一个区块，也相当于获得了区块链的本轮记账权。

矿工把满足挖矿难度条件的区块在网络中传播出去，全网其他节点在验证该区块满足挖矿难度条件，同时区块里的交易数据符合协议规范后，将各自把该区块链接到自己版本的区块链上，从而在全网形成对当前网络状态的共识。

其中，比特币区块链的共识机制是通过工作量证明（PoW）来实现的，这种机制中的每个节点可以平等地参与竞争，并通过激励构建了一个正循环的经济系统，从而逐渐积累了保护系统安全的庞大算力。

PoW 具有优点，也具有缺点，如图 2-13 所示。

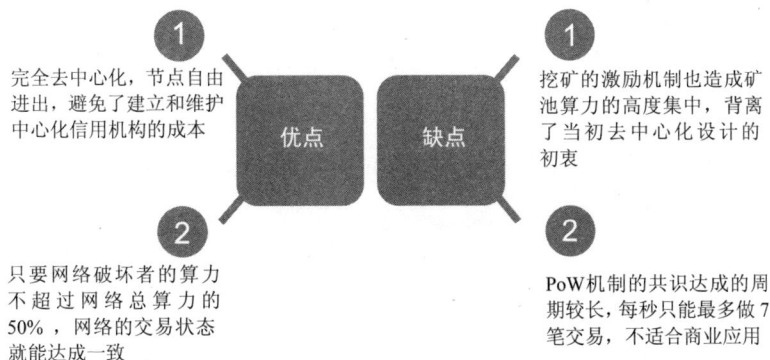

优点
① 完全去中心化，节点自由进出，避免了建立和维护中心化信用机构的成本
② 只要网络破坏者的算力不超过网络总算力的 50%，网络的交易状态就能达成一致

缺点
① 挖矿的激励机制也造成矿池算力的高度集中，背离了当初去中心化设计的初衷
② PoW 机制的共识达成的周期较长，每秒只能最多做 7 笔交易，不适合商业应用

● 图 2-13

2. PoS

PoS 即权益证明，要求节点提供拥有一定数量的代币证明来获取竞争区块链记账权的一种分布式共识机制，拥有权益越大则成为下一个记账人的概率越大。

如果单纯依靠代币余额来决定记账者，必然使得富有者胜出，导致记账权的中心化，降低共识的公正性，因此不同的 PoS 机制在权益证明的基础上，采用不同方式来增加记账权的随机性来避免中心化。

PoS 也具有优点和缺点。

优点：在一定程度上缩短了共识达成的时间，降低了 PoW 机制的资源浪费。

缺点：①没有专业化，拥有权益的参与者未必希望参与记账；

②容易产生分叉，需要等待多个确认，且永远没有最终性，需要检查点机制来弥补最终性。

3. DPoS

DPoS 在 PoS 的基础上，将记账人的角色专业化，先通过权益来选出记账人，然后记账人之间再轮流记账。

这个形式类似于董事会投票，持币者投出一定数量的节点，代理们进行验证和记账。其优点和缺点如图 2-14 所示。

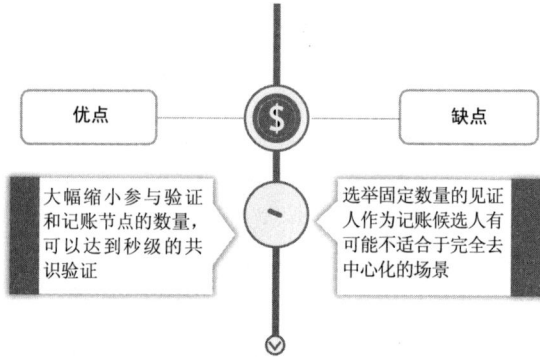

• 图 2-14

4. 分布式一致性算法

　　改算法解决的问题是一个分布式系统如何就某个值（决议）达成一致。在工程实践意义上来说，就是可以通过分布式实现多副本一致性、分布式锁、名字管理、序列号分配等。比如，在一个分布式数据库系统中，如果各节点的初始状态一致，每个节点执行相同的操作序列，那么它们最后能得到一个一致的状态。为保证每个节点执行相同的命令序列，需要在每一条指令上执行一个"一致性算法"以保证每个节点看到的指令一致。

　　分布式一致性算法是基于传统的分布式一致性技术，其中有为解决拜占庭将军问题（关于拜占庭将军问题，笔者在本章第 3 节中进行过详细介绍）的拜占庭容错算法。

　　分布式一致性算法也具有优点和缺点，如图 2-15 所示。

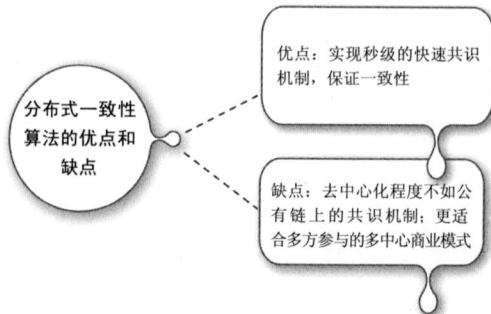

• 图 2-15

PoW、Pos、DPoS 三种算法多用于共有链，而解决非拜占庭将军问题的其他分布式一致性算法（Pasox、Raft），目前是联盟链和私有链场景中常用的共识机制。

2.5 颠覆世界的动因之三: 分布式结构

关键词: 区块链、分布式结构、分布式账本

主要内容: 分布式是区块链的结构, 分布式账本是区块链的核心技术之一

区块链根据系统确定的开源的、去中心化的协议，构建了一个分布式的结构体系，让价值交换的信息通过分布式传播发送给全网，通过分布式记账确定信息数据内容，盖上时间戳后生成区块数据，再通过分布式传播发送给各个节点，实现分布式存储。

2.5.1 分布式的三个步骤

也可以说，区块链的这个过程是由三部分组成的，如图 2-16 所示。

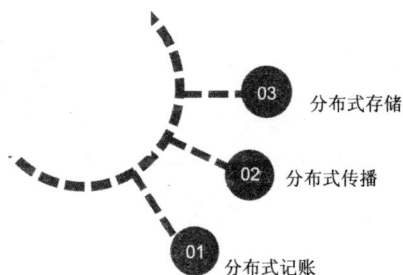

• 图 2-16

1. 分布式记账

分布式记账——会计责任的分散化（Distributed account ability）。

从硬件的角度讲，区块链的背后是大量的信息记录存储器（如电脑等）组成的网络，这一网络如何记录发生在网络中的所有价值交换活动呢？

区块链设计者没有为专业的会计记录者预留一个特定的位置，而是希望通过自愿原则来建立一套人人都可以参与记录信息的分布式记账体系，从而将会计责任分散化，由整个网络的所有参与者来共同记录。

2. 分布式传播

区块链中每一笔新交易的传播都采用分布式的结构，根据 P2P 网络层协议，消息由单个节点被直接发送给全网所有其他的节点。

3. 分布式存储

区块链技术让数据库中的所有数据均存储于系统所有的电脑节点中，并实时更新。

完全去中心化的结构设置能使数据实时记录，并在每一个参与数据存储的网络节点中更新，这就极大地提高了数据库的安全性。

通过分布式记账、分布式传播、分布式存储这三大"分布"，我们可以发现，没有人、没有组织、甚至没有哪个国家能够控制这个系统，系统内的数据存储、交易验证、信息传输过程全部都是去中心化的。在没有中心的情况下，大规模的参与者达成共识，共同构建了区块链数据库。

2.5.2 分布式账本，既分布又去中心化

怎么理解去中心化且分布式的账本呢？这里笔者以第 1 章中的"动态区块链技术，神奇的账本"为模板，打造一个完整的、去中心化的且分布式的账本。

假设有这样一个集体，集体中成员们的资金不是存进银行，而是在各成员中，每个成员用自己的账本来记录谁有多少钱，每个成员的账本上都写着：成员 A 的账号余额是 3000 元，成员 B 的账号余额是 2000 元，成员 C 的账号余额是 5000 元……

● 图 2-17

基于这个集体，我们可以先来建立一个去中心化的且分布式的借贷系统，如图 2-17 所示。

根据图 2-17 这个集体，如果成员 A 借给成员 B 100 块钱，这个时候，成员 A 会在这个共存的集体中公布这个消息："我是成员 A，我借给成员

B 100 块钱！"而成员 B 也在这个共存的集体中公布这个消息："我是成员 B，我向成员 A 借了 100 块钱！"

此时，这个集体中的其他成员均会知道这个消息，因此所有成员都在心中默默记下了"成员 A 借给成员 B 100 块钱"这个消息。

这个时候，一个去中心化的系统就建立起来了，这个系统中不需要银行，也不需要借贷协议和收据，也不需要任何起监督作用的第三方，严格来说，甚至不需要成员与成员之间的信任关系。

假设某一天，成员 B 突然改口说："我没有管成员 A 借钱！"这个时候集体中的其他成员就会站出来说："不对，我的账本上记录了你某天管成员 A 借了 100 块钱。""我的账本上也是记录了这件事。"

上述的系统模型中，所谓的"100 块钱"已经不重要了。

换句话说，任何东西都可以在这个模型中交换，甚至成员 A 可以凭空创造一个东西，只要其他成员承认，成员 A 就可以让这个东西流通，如图 2-18 所示。

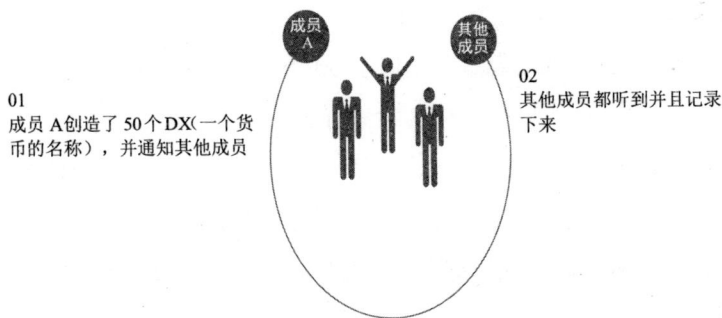

01
成员 A 创造了 50 个 DX（一个货币的名称），并通知其他成员

02
其他成员都听到并且记录下来

• 图 2-18

其实，成员 A 创造了 50 个 DX，并通知其他成员时，其他成员甚至不需要知道 DX 是什么，也不需要关心是不是真的有 DX 存在，只需要在各自的账本上记录下"成员 A 有 50 个 DX"，于是成员 A 就真的有 50 个 DX 了。

从此以后，成员 A 便可以在这个集体中声称自己给了某个成员 1 个 DX，只要集体内的其他成员都收到并且承认了这一信息，成员 A 就算完成了这次交易，哪怕世界上没有 DX（这个 DX 就好比"比特币"）。

假设过了很长一段时间，成员 A 凭空创造的 DX 已经在这个系统中流通了起来，集体内的其他成员都开始认可了 DX。

但是这个系统中一共就只有 50 个 DX，于是有成员动了坏心思，比如成员 C 在集体内公布"我有 10 个 DX！"此时应该如何处理？其他成员若是还直接在账本上记下"成员 C 有 10 个 DX"，这样不是其他成员都可以伪造 DX 了？

为了防止这种情况发生，成员 A 想出来一个解决此问题的方法，如图 2-19 所示。

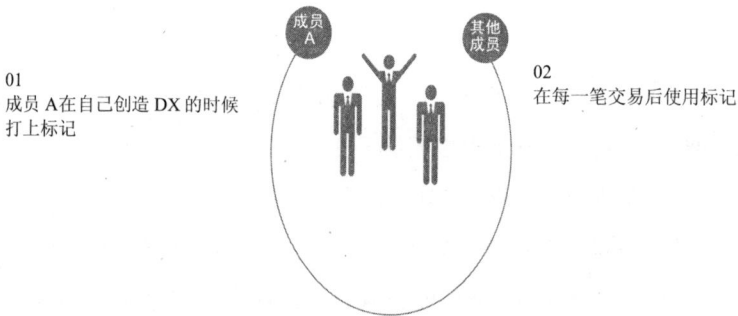

01
成员 A 在自己创造 DX 的时候打上标记

02
在每一笔交易后使用标记

● 图 2-19

也就是说，成员 A 决定在自己创造 DX 的时候打上标记（更准确地说，成员 A 是给自己公布的消息"我创造了 50 个 DX"打上标记，比如标记为 001）。

这样以后在每一笔交易的时候，成员 A 在公布"成员 A 给了某成员 1 个 DX！"的时候，会附加上额外的一句话："这 1 个 DX 的来源是记为 001 的那条记录，成员 A 的这句话标记为 002！"也就是，给每一句话订上一个序号作为标记。

我们再抽象一点理解，即成员喊话的内容的格式就变成了："这句话编号 xxx，上一句话的编号是 yyy，再上句话编号是 zzz……我给了某个成员 1 个 DX！"因为在说每一句话的时候都带有编号，其他成员在记录说话内容的同时又记录了编号，若有成员想要伪造其他成员说话的内容，但因该内容已经被其他成员以编号的形式记录下来了，即便更改了内容，也无法改变记录的编号，这样就有助于解决成员伪造 DX 的问题。

其实上述模型就变成一个简化的中本聪第一版比特币区块链协议。也就是说，在其他成员的监督下，交易发生并且不可被逆转。

在一个分布有众多节点的系统中，每个节点都具有高度自治的特征，节点之间彼此可以自由连接，形成新的连接单元。

任何一个节点都可能成为阶段性的中心，但不具备强制性的中心控制功能，节点与节点之间的影响，会通过网络形成非线性因果关系。

这种开放式、扁平化、平等性的系统现象或结构，我们称为去中心化，结合分布式的账本技术，就打造出了一个上述案例中去中心化且分布式的账本。

2.5.3 时间戳与密码签名共建的分布式账本

根据上文中列举的案例，我们可以知道，分布式账本是一种在网络成员之间共享、复制和同步的数据库或记录系统。

分布式账本记录网络参与者之间的交易，比如资产或数据的交换，这种共享账本消除了调解不同账本的时间和开支。

网络中的参与者根据一致性原则来制约和协商账本中的记录的更新，没有第三方仲裁机构（比如银行或政府）的参与。

分布式账本中的每条记录都有一个时间戳和唯一的密码签名，这使得账本成为网络中所有交易的可审计历史记录。

在本书第 1 章中，笔者曾说过区块链就像一个神奇的账本，记录着重要的内容，而这个账本就是由时间戳与密码签名共建的分布式账本。

我们已经了解了区块链的基本结构，即"人们把一段时间内生成的信息（包括数据或代码）打包成一个区块，盖上时间戳，与上一个区块衔接在一起，每下一个区块的页首都包含了上一个区块的索引数据，然后再在本页中写入新的信息，从而形成新的区块，首尾相连，最终形成区块链"。

不要小看这个结构，这个结构有着神奇之处，即"区块（完整历史）+链（完全验证）＝时间戳"。

"区块 + 链 ＝ 时间戳"，这是区块链数据库的最大创新点，区块链数据库让全网的记录者在每一个区块中都盖上一个时间戳来记账，表示这个信息是这个时间写入的，形成了一个不可篡改、不可伪造的数据库。

所以，基于区块链的分布式账本应该包括如下特点，如图 2-20 所示。

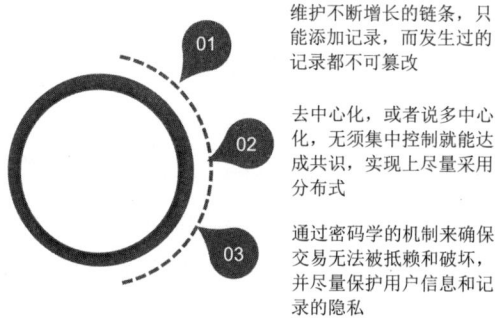

维护不断增长的链条，只能添加记录，而发生过的记录都不可篡改

去中心化，或者说多中心化，无须集中控制就能达成共识，实现上尽量采用分布式

通过密码学的机制来确保交易无法被抵赖和破坏，并尽量保护用户信息和记录的隐私

● 图 2-20

分布式账本的不可篡改是区块链的特点，这已在本书第 1 章做了简单的介绍，而区块链分布式账本的去中心化在本章进行过介绍，而分布式账本中的密码学技术将在下一章进行介绍。

2.6 区块链的架构模型与典型特征

关键词： 区块链、架构模型、技术架构模型

主要内容： 区块链有基本的架构模型，在基本的架构模型上又有核心的技术架构模型

在本书的第 1 章中，笔者讲述了区块链的构成、分类和应用，以及区块链的数据库和账本性质；而在本章的前五节中，讲述了区块链诞生，以及区块链的共识机制和分布式结构。

但是，区块链具体的架构是什么样的呢？本节将结合第 1 章与第 2 章的内容，对区块链的架构进行梳理，并总结区块链的典型特征。

2.6.1 区块链的架构

源于比特币社区的区块链技术，不仅为金融机构所重视，也逐渐为世界主要经济体及重要国际组织所关注。作为软件和系统工程领域重要的衍生方向，区块链及其系统的研发、设计和应用需要通用架构模型的支持，本节对区块链常见架构进行分析。

通用的区块链架构模型分为数据层、网络层、共识层、激励层和智能合约层五个层次，如图 2-21 所示。

智能合约层（实现转账和记账功能）		
发行机制	**激励层** 分配机制	
共识层 PoW		
P2P 网络	传播机制	验证机制
	网络层	
区块数据	链式结构	数字签名
哈希函数	Merkle 树	非对称加密
	数据层	

● 图 2-21

1. 数据层

数据层是最底层的技术，是一切的基础，此层的主要工作是将一段时间内接收到的交易数据封装到带有时间戳的数据区块中，链接到当前最长的主区块链上，形成最新的区块。

数据层主要实现了两个功能，如图 2-22 所示。

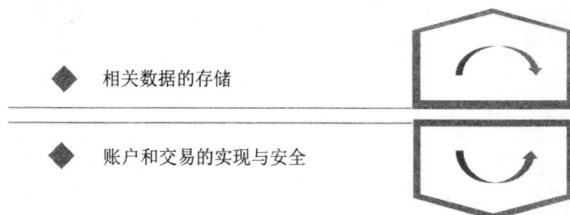

◆ 相关数据的存储

◆ 账户和交易的实现与安全

● 图 2-22

在"数据层"中，包含区块数据、链式结构、数字签名、哈希算法、Merkle 树、非对称加密等技术要素。

数据存储主要基于 Merkle 树，通过区块的方式和链式结构实现，大多以 KV 数据库的方式实现持久化，比如以太坊采用 leveldb。

账户和交易的实现基于数字签名、哈希函数和非对称加密技术等多种密码学算法和技术，保证了交易在去中心化的情况下能够安全地进行。

2. 网络层

第二层是网络层，网络层主要实现网络节点的连接和通信，又称点对点技术，是没有中心服务器、依靠用户群交换信息的互联网体系。

此层是区块链实现的重要载体，根据实际应用需求，网络层需要设计特定的传播协议和数据验证机制，使得每个节点都能参与区块数据的校验和记账过程。网络层中包含封装了区块链的组网方式、消息传播协议和数据验证机制等要素。

3. 共识层

共识层主要实现全网所有节点对交易和数据达成一致，也就是在决策权分散的系统中，保障各节点区块数据的有效性达成共识。如何高效地达成共识是分布式计算领域的重点和难点。

在第 1 章中，介绍过四大类共识机制，即 PoW、PoS、DPoS、分布一致性算法，但随着技术的革新，以及应用场景的不同，区块链 2.0 出现了除 PoW、PoS、DPoS、分布一致性算法之外的共识机制，如图 2-23 所示。

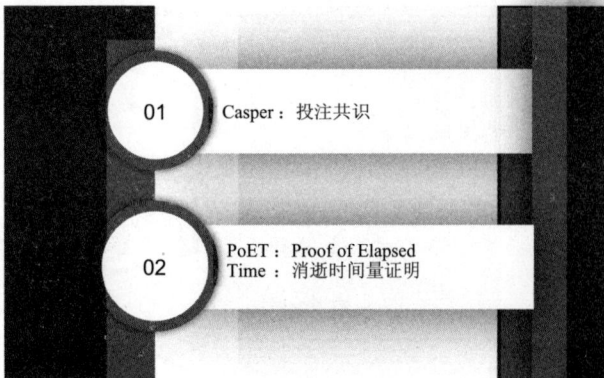

01　Casper：投注共识

02　PoET：Proof of Elapsed Time：消逝时间量证明

● 图 2-23

（1）Casper：投注共识

原理：以太坊下一代的共识机制，每个参与共识的节点都要支付一定的押金，节点获取奖励的概率和押金成正比，如果有节点作恶押金则要被扣掉。

（2）PoET（Proof of Elapsed Time）：消逝时间量证明

原理：核心是用 Intel 支持 SGX 技术的 CPU 硬件，在受控安全环境（TEE）下随机产生一些延时，同时 CPU 从硬件级别证明延时的可信性，谁的延时最低，谁将获取记账权。

在 PoET 中，增加记账权的唯一方法就是增加 CPU 的数量，具备了当初中本聪设想的一个 CPU 一票的可能，同时增加的 CPU 会提升整个系统的资源，变相实现了记账权与提供资源之间的正比例关系。

4. 激励层

激励层是发行机制，激励机制。激励层提供激励机制和措施，鼓励节点参与区块链的安全验证，其目的如图 2-24 所示。

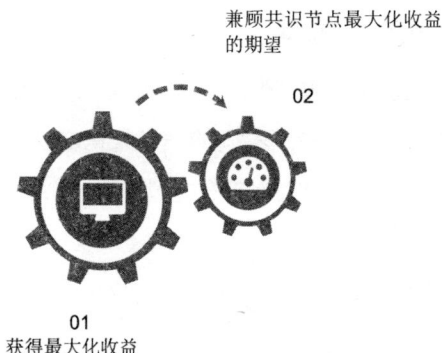

兼顾共识节点最大化收益的期望

02

01
获得最大化收益

● 图 2-24

也就是说，在去中心化系统中，节点参与数据验证和记账的根本目标是获得最大化的收益，因此需要设计一套激励机制，在保障区块链系统安全性和有效性的同时，兼顾共识节点最大化收益的期望。

区块链的激励层包括发行机制和分配机制，共同保障了激励机制和共识过程的实现。

为了便于理解，可将激励机制的运行过程带入比特币中，我们知道所有的比特币均通过奖励那些创建新区块的矿工的方式产生，该奖励大约每四年减半。

目前比特币系统每 10 分钟产生一个新区块，每个区块奖励 12.5 个比特币给矿工，这是货币发行的方式；另一个激励的来源则是交易费。

所有交易都需要支付手续费给记录区块的矿工，如果某笔交易的交易费不足，那么矿工将拒绝执行。

5. 智能合约层

智能合约赋予账本可编程的特性，智能合约层主要由客户端完成记账转账功能，智能合约层是区块链价值实现的重要体现，从最初的数字货币开始，以比特币为典型应用代表，发展到当前基于智能合约的各种区块链应用。除了金融领域之外，智能合约在供应链管理、文化娱乐、智能制造、社会公益、教育就业等领域的应用也越来越丰富。

同时，这一层通过在智能合约上添加能够与用户交互的前台界面，形成去中心化的应用（DAPP）。

2.6.2 区块链技术结构模型

在实际应用中，区块链的技术架构与具体应用息息相关，不同应用需要不同平台框架的支撑，也就对应了不同的技术架构实现，了解了区块链的架构模型之后，我们再来了解区块链的架构模型应用，如图 2-25 所示。

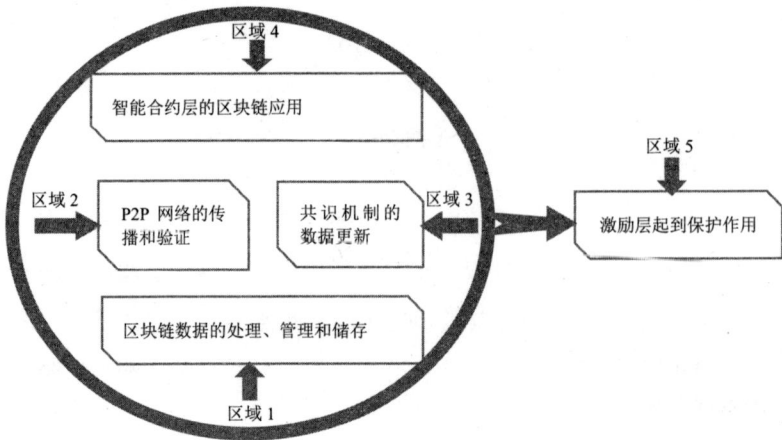

● 图 2-25

如图 2-25 所示，从区块链分层技术架构应用的视角来看，区块链的技术体系基于底层的数据基础处理、管理和存储技术，以区块数据的管理、链式结构的数据、数字签名、哈希函数、merkle 树、非对称加密等，即图 2-25 中的区域 1。

通过基于 P2P 网络的对称式网络，组织节点参与数据的传播和验证，每个节点均会承担网络路由、验证区块数据、传播区块数据、记录交易数据、发现新节点等功能，包含传播机制和验证机制，即图 2-25 中的区域 2。

在整个分布式网络的节点中，以最高效率的方式达成共识，也就是图 2-25 中的区域 3。

最后，建立在 P2P 网络和共识机制之上的是智能合约层的区块链应用，即图 2-25 中的区域 4。

同时，通过激励层的发行机制和分配机制保障区块链应用层的安全，即图 2-25 中的区域 5。

将区块链的技术架构应用进行详细解释，可以分为 4 个阶段，如图 2-26 所示。

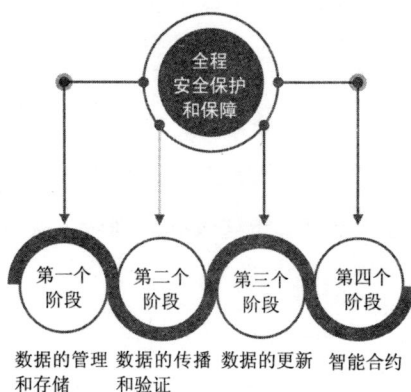

● 图 2-26

1. 第一个阶段：数据的管理和存储

在区块数据的管理和存储中，区块数据的加密、数字签名、数据存储是很重要的内容。

一般来说，区块链并不直接保存原始数据，而是通过哈希函数将原始数据转换成特定长度的、由数字和字母组成的字符串记录到区块链中。

为保证去中心化环境中的信息安全，区块链广泛采用非对称加密算法，通过 Merkle 树作为数据结构，封装到一个指定的数据区块中，区块之间通过链式结构连接，最终形成一个区块链，分布式存储在各个节点。

2. 第二个阶段：数据的传播和验证

在区块数据的传播和验证方面，由于区块链系统具有分布式、自治性等特性，一般采用对等式网络来组织散布全球的参与数据验证和记账的节点，主要通过分布式传播和验证机制来实现。即任意区块数据生成后，将由生成该数据的节点广播到全网，由其他所有的节点来加以验证，这个过程由当前互联网上的传播协议实现，一般根据实际应用需求设计合适的传播协议。

区块链的节点接收到邻近节点发来的数据后，将首先验证该数据的有效性，在 P2P 网络中，每个节点都时刻监听网络中广播的数据。

如果被监听的数据有效，就可以按照接收顺序为新数据建立存储池，同时继续向邻近节点转发；如果被监听的数据无效，便可以放弃该数据，进而保证无效数据不会再继续传播。

3. 第三个阶段：数据的更新

分布式系统的数据更新是一个难点，区块链系统一般采用基于共识机制的数据更新机制，通过设定一套规则，确定哪些参与节点有权参与数据的记账，获得记账的节点有权参与数据的确认，从而进一步实现数据的更新。

4. 第四个阶段：智能合约

区块链应用是区块链价值实现的重要内容，可以说，区块链的核心是智能合约，智能合约由脚本代码和算法构成，智能合约的作用如图 2-27 所示。

关于区块链的智能合约内容，在下文中将做详细介绍。

全程安全保护和保障是全程都在起作用，区块链应用、区块数据传播和数据更新等需要相关的安全和保障机制。

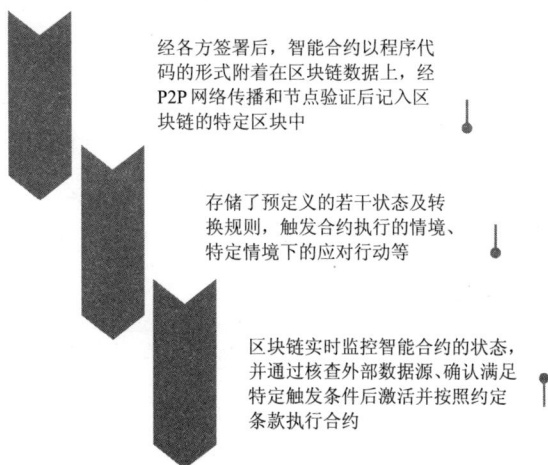

经各方签署后，智能合约以程序代码的形式附着在区块链数据上，经P2P网络传播和节点验证后记入区块链的特定区块中

存储了预定义的若干状态及转换规则，触发合约执行的情境、特定情境下的应对行动等

区块链实时监控智能合约的状态，并通过核查外部数据源、确认满足特定触发条件后激活并按照约定条款执行合约

• 图 2-27

基于激励的安全保障技术是区块链应用过程中的重要内容，从理论上说，参与的人数越多，其安全和保障能力就越强，在具体应用中，将发行机制、分配机制融入有效的激励措施，鼓励更多的节点参与。

2.6.3 智能合约的特性与运行原理

智能合约又称智能合同，是由事件驱动的、具有状态的、获得多方承认的、运行在区块链之上的且能够根据预设条件自动处理资产的程序。智能合约最大的优势是利用程序算法替代人们仲裁和执行合同。

从本质上讲，智能合约也是一段程序，智能合约继承了区块链的三个特性，如图 2-28 所示。

01	02	03
数据透明	不可篡改	永久运行

• 图 2-28

1. 数据透明

区块链上所有的数据都是公开透明的，因此智能合约的数据处理也是公

开透明的，运行时任何一方都可以查看其代码和数据。

2. 不可篡改

区块链本身的所有数据不可篡改，因此部署在区块链上的智能合约代码以及运行产生的数据输出也是不可篡改的，运行智能合约的节点不必担心其他节点恶意修改代码与数据。

3. 永久运行

支撑区块链网络的节点往往达到数百甚至上千，部分节点的失效并不会导致智能合约的停止，其可靠性理论上接近于永久运行，这样就会保证智能合约能像纸质合同一样每时每刻都有效。

第 3 章

区块链的密码学技术

 o————————————————————o

    密码学起源于人类保持信息私密的愿望，从象形文字开始人类就试图保护自己的隐私，埃及祖先的墓葬里有许多神秘的象形文字，恺撒大帝也曾使用恺撒密码对信息加密，用于向军队传达命令。

    而在当今社会中的很多情况下，没有密码，就没有信息安全，密码学是用来保证信息安全的一种必要的手段，如今注入密码学基因的区块链也将给信息技术带来新的展现。

    实际上，密码学和安全领域所涉及的知识体系十分繁杂，本章将介绍密码学领域中跟区块链相关的一些基础知识，包括 Hash 算法、加密算法、数字签名、数字证书、Merkle 树技术。读者通过阅读本章可以了解如何使用这些技术保护信息的机密性、完整性、认证性和不可抵赖性，也将了解到这些技术如何应用于区块链中。

本章导读：
➤   密码学技术：Hash 算法
➤   密码学技术：加密算法
➤   密码学技术：数字签名
➤   密码学技术：数字证书
➤   密码学技术：Merkle 树

3.1 密码学技术: Hash 算法

关键词: Hash 算法、哈希函数、比特币

主要内容: 哈希函数是经过 Hash 算法转换为一组固定长度的代码, 容易被验证, 但很难破解

Hash 算法是一项重要的计算机算法, 提到此算法就不得不提到哈希函数, 其在区块链的技术架构模型中, 处于数据层。

哈希函数可将任意长度的资料经由 Hash 算法转换为一组固定长度的代码, 原理是基于一种密码学上的单向哈希函数, 这种函数很容易被验证, 但是很难破解。

哈希函数是将任意长度的输入形式, 变换为固定长度输出的不可逆的单向密码体制, 在数字签名和消息完整性检测 (消息认证) 等方面有广泛的应用。

比特币系统中使用了两个密码学哈希函数, 如图 3-1 所示。

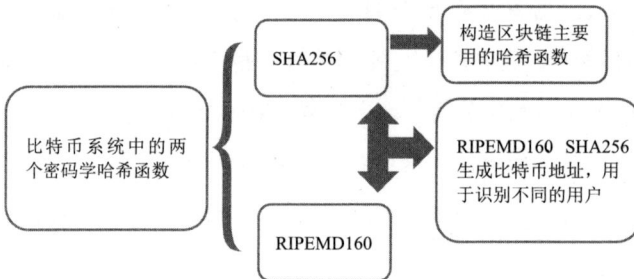

• 图 3-1

无论是区块的头部信息还是交易数据, 都用这个哈希函数去计算相关数据的哈希值, 以保证数据的完整性。

SHA256 的另一个主要用途是完成 PoW (工作量证明) 计算, 简单来

说，哈希函数就是输入任意长度的字符串都可以产生固定大小的输出。在比特币这种加密货币中，交易就是输入，然后经过 Hash 算法（比特币采用的是 SHA256），产生固定长度的输出。

一个优秀的 Hash 算法能实现如下功能，如图 3-2 所示。

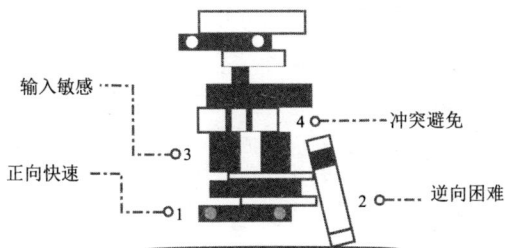

● 图 3-2

1. 正向快速

给定明文和 Hash 算法，在有限时间和有限资源内能计算得到 Hash 值。

2. 逆向困难

给定（若干）Hash 值，在有限时间内很难（基本不可能）逆推出明文。

3. 输入敏感

原始输入信息发生任何改变，新产生的 Hash 值都应该可能出现很大不同。

4. 冲突避免

很难找到两段内容不同的明文，使得它们的 Hash 值发生碰撞。

冲突避免有时候也叫作"抗碰撞性"，可分为"弱抗碰撞性"和"强抗碰撞性"。如果给定明文的前提下，无法找到与之碰撞的其他明文，则算法具有"弱抗碰撞性"；如果无法找到任意两个发生 Hash 碰撞的明文，则称算法具有"强抗碰撞性"。

使用哈希函数时，信息安全一般要考虑两个方面：一方面，加密保护传送的信息，使其可以抵抗被动攻击（如窃听）；另一方面，就是要能防止对手对系统进行主动攻击（如伪造、篡改等）。

认证是对抗主动攻击的主要方法，对开放的网络中各种信息系统的安全起到了非常重要的保护作用。认证分为实体认证和消息认证，消息认证的目的有两个，如图 3-3 所示。

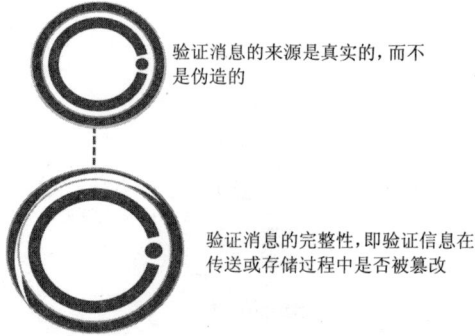

验证消息的来源是真实的，而不是伪造的

验证消息的完整性，即验证信息在传送或存储过程中是否被篡改

• 图 3-3

消息认证时，需要消息认证码，消息认证码是与密钥相关的单项散列函数，也称为消息鉴别码或是消息校验和。

基于消息认证和 Hash 算法，消息的传送并验证运用的过程，如图 3-4 所示。

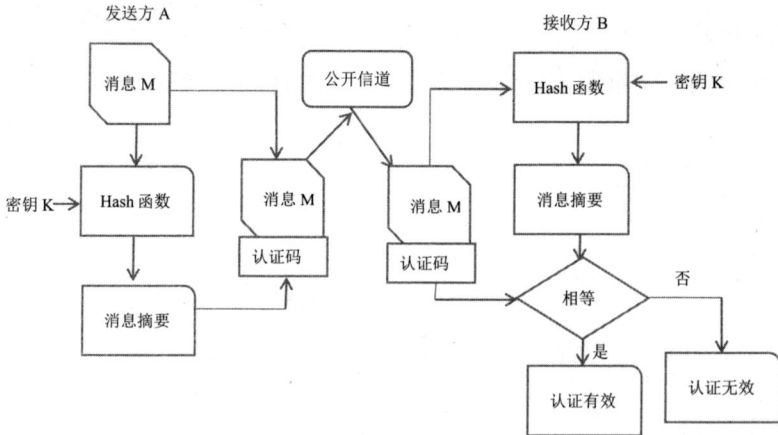

• 图 3-4

当发送方 A 将消息发送给接收方 B 时，需要通信双方 A 和 B 共享一个密钥 K，设发送方 A 欲发送给接收方 B 的消息是 M，发送方 A 首先计算 MAC=Ck(M)，其中 Ck 是密钥控制的公开函数（如哈希函数），然后向接收

方 B 发送 M MAC。B 收到后，做一个与 A 做过的、相同的计算，即计算 MAC=Ck(M)，求得一个新的 MAC 数值，并与收到的 MAC 做比较。

接收方 B 相信发送方 A 发来的消息未被篡改，这是因为攻击者不知道密钥，所以不能在篡改消息后相应的篡改 MAC，而如果仅篡改消息，则接收方 B 计算的新的 MAC 将与收到的 MAC 不同。

接收方 B 相信发送方 A 不是冒充的，因为除收发双方外再无其他人知道密钥，因为其他人不可能对自己发送的消息计算出正确的 MAC。

3.2 密码学技术: 加密算法

关键词：非对称加密算法、对称加密算法、公钥、密钥

主要内容：加密算法分为非对称加密算法与对称加密算法，两者的不同是密钥的使用方式

数据加密的基本过程，是对原来为明文的文件或数据按某种算法进行处理，使其成为不可读的一段代码，通常称为"密文"，使其只能在输入相应的密钥之后才能显示出本来内容，通过这样的途径来达到保护数据不被非法窃取、阅读的目的。

该过程的逆过程为解密，即将该编码信息转化为其原来数据的过程。

加密技术通常分为两大类："非对称式"和"对称式"，所以，加密算法可以分为"非对称加密算法"和"对称加密算法"。

3.2.1 非对称加密算法

什么是非对称加密？简单来说，它让我们在"加密"和"解密"的过程中分别使用两个密码，两个密码具有非对称的特点，如图 3-5 所示。

也就是说，加密时的密码（在区块链中被称为"公钥"）是全网可见的，所有人都可以用自己的公钥来加密一段信息，以保证信息的真实性。

而解密时的密码（在区块链中被称为"私钥"）是只有信息拥有者才知道的，被加密过的信息只有拥有相应私钥的人才能够解密，以保证信息的安全性。

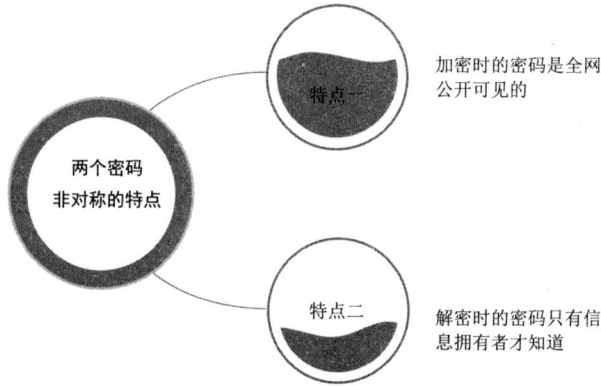

特点一　加密时的密码是全网公开可见的

两个密码
非对称的特点

特点二　解密时的密码只有信息拥有者才知道

●图 3-5

区块链系统内，所有权验证机制的基础是非对称加密算法，而常见的非对称加密算法包括 RSA、Elgamal、D-H、ECC（椭圆曲线加密算法）等。

在非对称加密算法中，如果一个"密钥对"中的两个密钥满足以下两个条件，如图 3-6 所示。那么，称这个密钥对为非对称密钥对，公开的密钥称为公钥，不公开的密钥称为私钥。

对信息用其中一个密钥加密后，只有用另一个密钥才能解开

其中一个密钥公开后，根据公开的密钥别人也无法算出另一个

●图 3-6

在区块链系统的交易中，非对称密钥的基本使用场景有两种：第一种场景，即公钥对交易信息加密，私钥对交易信息解密，私钥持有人解密后，可以使用收到的价值；第二种场景，即私钥对信息签名，公钥验证签名，通过公钥签名验证的信息确认为私钥持有人发出。

3.2.2　对称加密算法

与非对称加密算法不同，对称加密就是加密和解密使用同一个密钥。

对称加密算法就好像生活中投递举报信的过程，任何人都可以向邮箱投递举报箱，但是只有审计人员才能打开箱子，读取信件。

公钥加密算法的最大特点是采用两个相关密钥将加密和解密功能分开，两个密钥的作用不同，如图 3-7 所示。

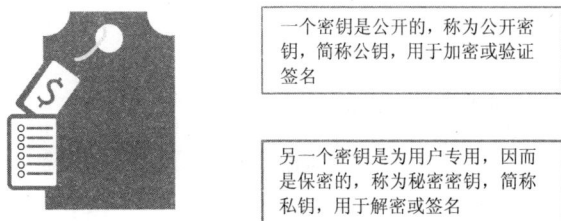

一个密钥是公开的，称为公开密钥，简称公钥，用于加密或验证签名

另一个密钥是为用户专用，因而是保密的，称为秘密密钥，简称私钥，用于解密或签名

● 图 3-7

利用公开密钥（及公开参数）推导私有密钥比较困难，关于公钥密码系统，如图 3-8 所示。

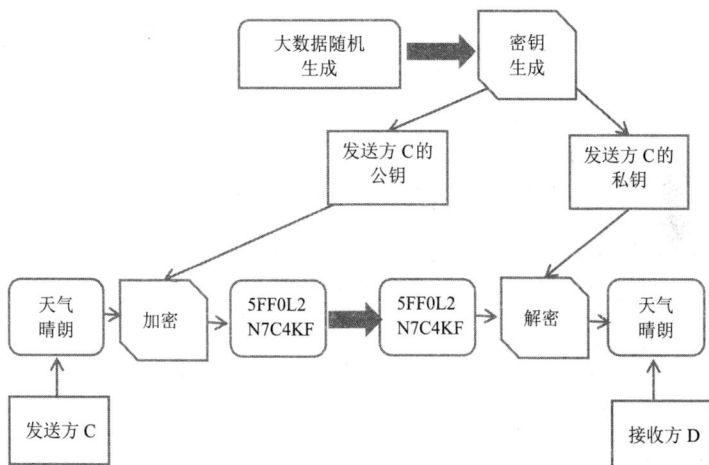

● 图 3-8

若是发送方 C 要将文件"天气晴朗"发送给接收方 D，此时，对该文件进行加密，加密的时候，是由大数据随机生成密钥，该密钥分为公钥和私钥（密钥对在基于公钥体系的安全系统中，密钥是成对生成的，每对密钥由一个公钥和一个私钥组成），且都属于接收方 D 所有，接收方 D 的公钥可以把加密的文件进行转化，转化为一组密码。

而接收方 D 的私钥可以对公钥转化出的密码进行解密，从而解密出文件"天气晴朗"。

3.3 密码学技术：数字签名

关键词： 数字签名、消息认证、哈希函数

主要内容： 数字签名消除了哈希函数中消息认证的隐患，数字签名能够把用户的身份与信息捆绑在一起

数字签名是由公钥密码发展而来，它在网络安全，包括身份认证、数据完整性、不可否认性以及匿名性等方面有着重要应用。

数字签名（Digital Signature），是指附加在某一电子文档中的一组特定的符号或代码。它是利用数学方法和密码算法对该电子文档进行关键信息提取并进行加密而形成的，用于标识签发者的身份以及签发者对电子文档的认可，能被接收者用来验证该电子文档在传输过程中是否被篡改或伪造。

数字签名消除了哈希函数中消息认证的隐患，即消息认证其作用是保护通信双方以防第三方的攻击，然而却不能保护通信双方中的一方防止另一方的欺骗或伪造。

例如，通信双方 E 和 F，即发送方 E 和接收方 F 使用消息认证码的基本方式通信，则可能发生如图 3-9 所示的欺骗。

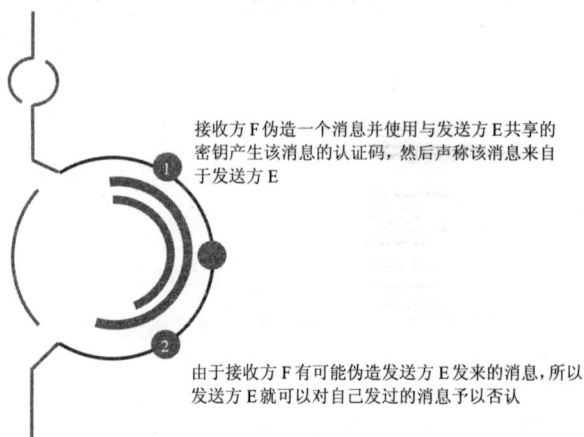

接收方 F 伪造一个消息并使用与发送方 E 共享的密钥产生该消息的认证码，然后声称该消息来自于发送方 E

由于接收方 F 有可能伪造发送方 E 发来的消息，所以发送方 E 就可以对自己发过的消息予以否认

• 图 3-9

图 3-10 中这两种欺骗在实际的网络安全应用中都有可能发生，例如在电子资金传输中，接收方减少收到的资金金额，并声称这一数目来自发送方。

又如用户通过电子邮件向其证券经纪人发送对某笔业务的指令，以后这笔业务赔钱了，用户即可否认曾发送过相应的指令，因此在收发双方未建立起完全的信任关系且存在利害冲突的情况下，单纯的消息认证就显得不够用了。

哈希函数中存在的这个问题，数字签名有效地解决了。

数字签名类似于手书签名，且具有以下性质，如图 3-10 所示。

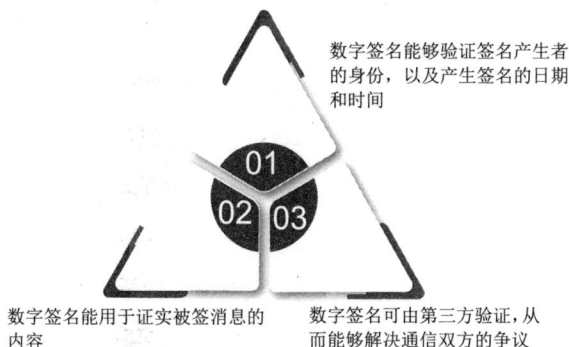

数字签名能够验证签名产生者的身份，以及产生签名的日期和时间

数字签名能用于证实被签消息的内容

数字签名可由第三方验证，从而能够解决通信双方的争议

● 图 3-10

所以，数字签名与消息认证存在区别，消息认证使接收方能验证消息发送者及所发消息内容是否被篡改过。当接收者和发送者之间有利害冲突时，就无法解决他们之间的纠纷，此时需借助满足前述要求的数字签名技术。

而数字签名的目的是提供一种手段，通过一个实体把它的身份与某个信息捆绑在一起。一个消息的数字签名实际上是数，它仅仅依赖于签名者知道的某个秘密，也依赖于被签名信息的本身。

同时，数字签名与消息加密具有不同点：消息加密和解密可能是一次性的，它要求在解密之前是安全的；而一个签名的消息可能作为一个法律上的文件，如合同等，很可能在对消息签署多年之后才验证其签名，且可能需要多次验证此签名。

由此就凸显了数字签名的优点，如图 3-11 所示。

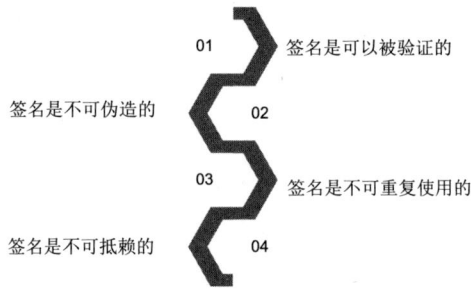

● 图 3-11

（1）签名是可以被验证的，接收者能够核实签名者对消息的签名。

（2）签名是不可伪造的，也就是说，除了签名者，任何人不能伪造消息的签名。

（3）签名是不可重复使用的，同一消息不同时刻其签名是有区别的。

（4）签名是不可抵赖的，即签名者事后不能抵赖对消息的签名，出现争议时，第三方可解决争端。

我们再来看数字签名的应用，如图 3-12 所示。

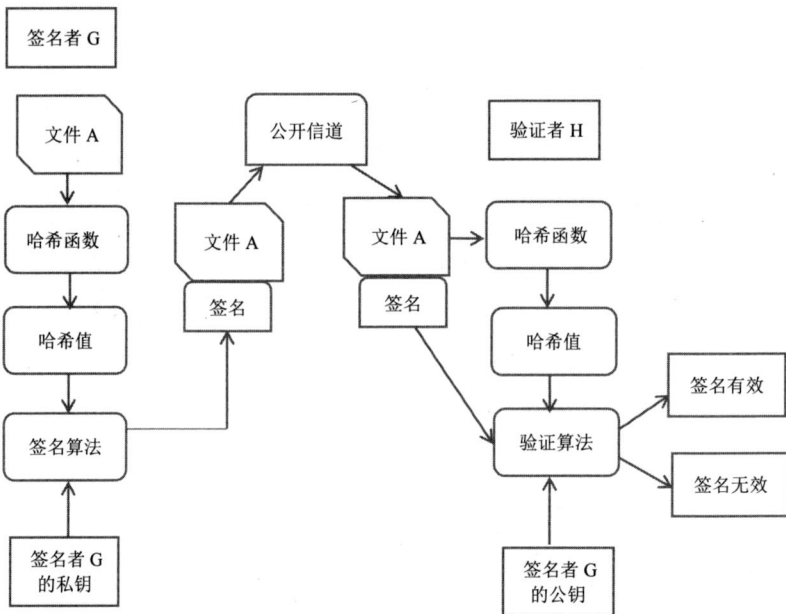

● 图 3-12

图 3-13 是一个典型的场景：签名者 G 给验证者 H 发送 MessageA（文件）时，先用哈希函数将 MessageA 生成一段摘要 [Digest, Hash(MessageA) - > DigestA]，然后将 DigestA 用私钥加密生成数字签名 [Digital Signature, Encrypt(DigestA) - >SignatureA]，将 SignatureA 附 在 MessageA 之 后（MessageA + SignatureA）发送给验证者 H。

验证者 H 如何获知所收到的文件即为签名者 G 发出的原始版本？

验证者 H 收到消息之后先用签名者 G 的公钥解密数字签名 [Decrypt(SignatureX) - >DigestX]，如果能顺利解密，说明消息是由签名者 G 发送的。

随后验证者 H 再将 MessageX Hash 生成摘要 [Hash(MessageX) - >DigestX2]，如果 DigestX 和 DigestX2 相等，说明消息没有被修改过（MessageX == MessageA）。也说明该文件确实是签名者 G 发过来的（别人无法拥有签名者 G 的私钥），并且文件内容没有被修改过。

3.4 密码学技术：数字证书

关键词： 数字证书、数字签名、合法

主要内容： 数字证书修补了数字签名中出现的公钥分发的问题，确保了网上传递信息的机密性、完整性及交易的不可抵赖性

对于数字签名应用来说，很重要的一点就是公钥的分发，因为公钥若被人替换了，则整个安全体系将被破坏。

那么，怎么确保一个公钥确实是某个人的原始公钥？这就需要数字证书机制。

3.4.1 数字证书：证明信息合法性

顾名思义，数字证书就是像一个证书一样，是互联网通信中标志通信各方身份信息的一串数字，提供了一种在互联网上验证通信实体身份的方式，数字证书不是数字身份证，而是身份认证机构盖在数字身份证上的一个章或

印（或者说加在数字身份证上的一个签名）。

数字证书是由权威机构——CA 机构，又称为证书授权（Certificate Authority）中心发行的，人们可以在网上用它来识别对方的身份。

数字证书还是一个经证书授权中心数字签名的，包含公开密钥拥有者信息以及公开密钥的文件，数字证书还有一个重要的特征就是只在特定的时间段内有效。

数字证书包含的内容，如图 3-13 所示。

最重要的包括签发的公
开密钥、CA数字签名两
个信息

数字证书内容大致包括版
本、序列号、签名算法类型、
签发者信息、有效期、被签
发人、签发的公开密钥、
CA数字签名、其他信息等

● 图 3-13

以数字证书为核心的加密技术（加密传输、数字签名、数字信封等安全技术）可以对网络上传输的信息进行加密和解密、数字签名和签名验证，确保网上传递信息的机密性、完整性及交易的不可抵赖性。

因此，只要通过这个证书就能证明某个公钥是合法的，因为其带有 CA 的数字签名。更进一步来说，怎么证明 CA 的签名合法不合法呢？

类似地，CA 的数字签名合法不合法也是通过 CA 的证书来证明的。主流操作系统和浏览器里面会提前预置一些 CA 的证书（承认这些是合法的证书），然后所有基于它们认证的签名都会被认为是合法的。

3.4.2 数字证书修补数字签名

在本章第 3 节中数字签名应用的场景中，如果发送方 C 用自己的公钥替换了验证者 H 拥有的签名者 G 的公钥，那么发送方 C 用自己的私钥给验证者 H

发消息，验证者 H 就误以为是签名者 G，这样，发送方 C 就可以冒充签名者 G 了。

现在的问题是"验证者 H 怎么证明拥有的公钥是签名者 G 的而不是 C 的"。所以，这里引入了第三方机构来做认证，也就是认证机构（CA，Certificate Authority）。

具体的数字认证原理，如图 3-14 所示。

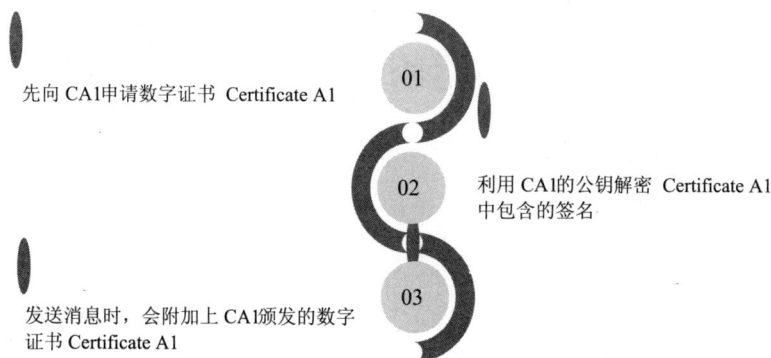

先向 CA1 申请数字证书 Certificate A1

01

02 利用 CA1 的公钥解密 Certificate A1 中包含的签名

03

发送消息时，会附加上 CA1 颁发的数字证书 Certificate A1

• 图 3-14

1. 先向 CA1 申请数字证书 Certificate A1

即签名者 G 事先向 CA1 申请数字证书 Certificate A1，Certificate A1 包含了签名者 G 的公钥及 CA1 用私钥加密一系列信息（包括签名者 G 的公钥、颁发机构等一系列信息）之后生成的签名，即 Certificate A1= 证书（明文，包含签名者 G 的公钥等信息）+ 签名（密文，通过 CA1 的私钥加密生成，只有 CA1 的公钥能解开）。

2. 利用 CA1 的公钥解密 Certificate A1 中包含的签名

由于每个人都可以拥有 CA1 的公钥，用 CA1 的公钥解密 Certificate A1 中包含的签名，得到证书摘要的哈希值，再用证书中的信息算出一个新的哈希值，如果二者相同，则表示证书 Certificate A1 是属于签名者 G 的。

3. 发送消息时，会附加上 CA1 颁发的数字证书 Certificate A1

签名者 G 给验证者 H 发送消息时，会附加上 CA1 颁发的数字证书

Certificate A1，现在的消息是"Message A + Signature A + Certificate A1"，验证者 H 收到消息之后，用 CA1 的公钥验证 Certificate A1 是否合法，如果合法，则取 Certificate A1 中包含的公钥验证 Message A 和 Signature A。

经过上述的验证之后，就可以知道验证者 H 收到的消息是否是签名者 G 发送的。

3.5　密码学技术：Merkle 树

关键词： Merkle 树、节点、哈希值

主要内容： Merkle 树可以用来归纳一个区块中的所有交易信息，并且可以校验整个文件的正确性

Merkle 树即 Merkle Tree，通常也被称作 Hash Tree，顾名思义，就是存储哈希值的一棵树。Merkle 树的叶子是数据块的哈希值，非叶节点是其对应子节点串联字符串的哈希值，使用 Merkle 树可以快速校验大规模数据的完整性。

在区块链网络中，Merkle 树被用来归纳一个区块中的所有交易信息，最终生成这个区块所有交易信息的一个统一的哈希值，区块中任何一笔交易信息的改变都会使得 Merkle 树改变。

网络传输数据的时候，接收方 I 收到发送方 J 传过来的文件，需要确认收到的文件有没有损坏，该如何解决？

有一种方法是发送方 J 在传文件之前先把文件的哈希结果给接收方 I，接收方 I 收到文件再计算一次哈希值，然后和收到的哈希值比较就知道文件有无损坏。

但是当文件很大的时候，往往需要把文件拆分很多的数据块各自传输，这个时候就需要知道每个数据块的哈希值，怎么办呢？

这种情况，可以在下载数据之前先下载一份 hash list（哈希列表），这个列表每一项对应一个数据块的哈希值。对这个哈希列表拼接后可以计算

一个根 hash。实际应用中，我们只要确保从一个可信的渠道获取正确的根
hash，就可以确保下载正确的文件。

但是，上面基于 hash list 的方案有这样一个问题：有些时候我们获取所
有数据块的 hash list 代价比较大，只能获取部分节点的哈希值，如何才能
够通过部分哈希值就能校验整个文件的正确性呢？

这时，就需要用到 Merkle 树，Merkle 树和 hash list 的主要区别如
图 3-15 所示。

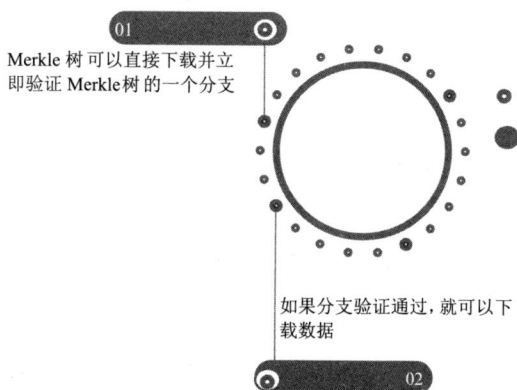

Merkle 树可以直接下载并立
即验证 Merkle 树的一个分支

如果分支验证通过，就可以下
载数据

• 图 3-15

1. Merkle 树可以直接下载并立即验证 Merkle 树中的一个分支

Merkle 树可以直接下载并立即验证 Merkle 树的一个分支。因为可以将
文件切分成小的数据块，这样如果有一块数据损坏，只需要重新下载这个数
据块就行了。

2. 如果分支验证通过，就可以下载数据

如果文件非常大，那么 Merkle 树和哈希列表就会很大，但是 Merkle 树
可以一次下载一个分支，然后立即验证这个分支，如果分支验证通过，就可
以下载数据了。

为了更好地理解，我们假设有 A 和 B 两台机器，A 需要与 B 相同目录下
有 8 个文件，文件分别是 f1、f2、f3……f8，假设在文件创建的时候每台机器
都构建了一个 Merkle 树，如图 3-16 所示。

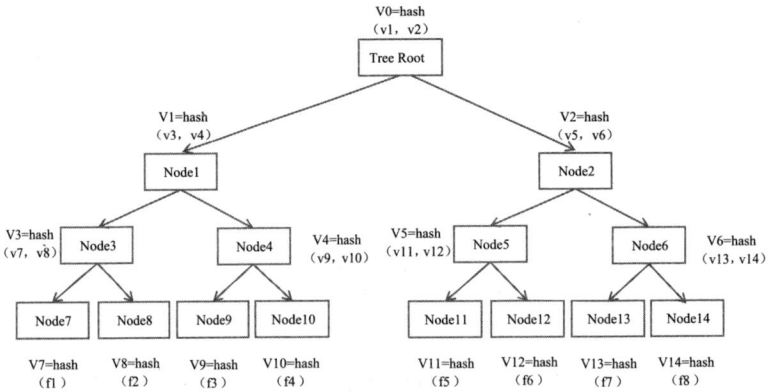

• 图 3-16

从图 3-17 可得知，叶子节点 Node7 的 value = hash(f1)，是 f1 文件的 Hash；而其父亲节点 Node3 的 value = hash(v7, v8)，也就是其子节点 Node7 和 Node8 值的 Hash。

就是这样表示一个层级运算关系，Tree root 节点的 value 其实是所有叶子节点的 value 的唯一特征。

假如 A 上的文件 5 与 B 上的不一样，如何通过两台机器的 Merkle 树信息找到不相同的文件？这个比较检索过程如下：

步骤一：首先比较 v0 是否相同，如果不同，检索其子 Node1 和 Node2；

步骤二：v1 相同，v2 不同。检索 Node2 的子 Node5 和 Node6；

步骤三：v5 不同，v6 相同，检索比较 Node5 的子 Node11 和 Node12；

步骤四：v11 不同，v12 相同，Node 11 为叶子节点，获取其目录信息；

步骤五：检索比较完毕。

可见，图 3-17 中任意一个节点检索的时候出现了错误，立刻就能发现，由此，就可以很快地找到对应的不相同的文件。

很明显，这种结构和 hash list 相比较，根哈希不是用所有的数据块哈希拼接起来计算的，而是通过一个层级的关系计算出来的。

第 4 章

基本的发展方向——全球化的大数据体系

大数据主要是对于海量数据进行管理，而区块链的核心是在没有中心化介入的情况下实现数据的高安全性和高可靠性，所以区块链和大数据并不冲突，而是会相互助力，共同发展。

尤其在互联网时代，基于其重要价值，很多领域都已在应用大数据。但是，大数据在各行业也遇到了一些困境，区块链技术将有助于摆脱这些困境。

本章导读：

➤ 当下的大数据时代

➤ 大数据的应用价值和困境

➤ 大数据与区块链之异同

➤ 互联互通，区块链重建大数据产业

4.1 当下的大数据时代

关键词： 数据、大数据、互联网

主要内容： 数据是人类文明传承的媒介，产生于不同的形式，催生出大数据时代

随着 20 世纪计算机的出现和随后信息化技术迅猛的发展，尤其是互联网、移动互联网、物联网的深度普及和广泛应用，我们似乎真正进入了一个数字化时代：从宏观到微观，从客观到主观，从具象到抽象，都在被全面、实时地记录，成为数字化的信息，数字化逐渐成为大数据时代的标配。

区块链可以说是过去几年信息技术最重大的发展之一，有可能改变世界应用大数据的方式。在分析区块链如何改变大数据之前，我们先来分析数据的来源与特征。

4.1.1 数据的来源

数据（data）是事实或观察的结果，是对客观事物的逻辑归纳，是用于表示客观事物的未经加工的原始素材。

数据也是信息的表现形式和载体，可以是符号、文字、数字、语音、图像、视频等。数据和信息是不可分离的，数据是信息的表达，信息是数据的内涵。数据本身没有意义，数据只有对实体行为产生影响时才成为信息。

那么，数据是怎么产生的呢？主要有四种形式，如图 4-1 所示。

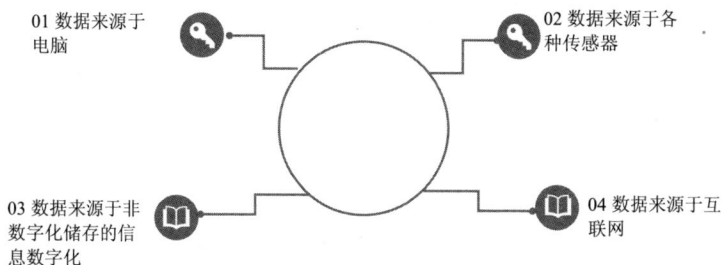

01 数据来源于电脑

02 数据来源于各种传感器

03 数据来源于非数字化储存的信息数字化

04 数据来源于互联网

● 图 4-1

1. 数据来源于电脑

生产、生活的数字化使很多使用电能的设备具备了一个核心处理器，此处称为"电脑"，有了"电脑"之后，这些设备中内置的处理器、传感器以及控制器在运行时的状况，都能够以数据的形式呈现。

2. 数据来源于各种传感器

比如，传统的摄像头可以被看成是一种原始的传感器。传感器的特点是拥有一个唯一的识别 ID，同时它会根据外界提供的信号，进行有针对性的处理，将处理后的信息送回传感器。

传感器还可以被应用到很多场景，比如零售业结算、物流跟踪、仓储管理等，而如今被热议的物联网在数据采集端的实质就是各类传感器的大规模使用。

3. 数据来源于非数字化存储的信息数字化

数据的这一方面的来源，实质上是将过去已经存在的、以非数字化形式存储的信息数字化。也就是将过去不被认为属于"数据"的音频磁带、图片、视频录像带、历史档案、病历资料、设计图纸等，转化为数字形式，是现阶段数据的一个主要构成部分。

4. 数据来源于互联网

在互联网时代，每个人都是数据的创造者，比如你使用微信发送了一条消息，就属于创造了一个数据，而随着手机、电脑的普及，这一部分数据占总数据的比例正在逐步扩大。

数据的来源很广，从而使得数据的数量很多，这就要引出数据中一个重要的概念——量化。量化在数字信号处理领域，指将信号的连续取值（或者大量可能的离散取值）近似为有限多个（或较少的）离散值的过程。

那么，如何将量化运用到人们的生产和生活中，就需要人们充分应用最新的技术手段，对全领域、全过程的各种信息进行定量采集、定量分析挖掘、定量描述，实现共性量化。共性的量化能够使各种信息之间实现互通，协同并整合所有片段信息，形成多维的、完整的数据链，从而让量化的数据催生大数据的发展。

4.1.2　数据催生出大数据

早在 1980 年，著名未来学家阿尔文·托夫勒便在《第三次浪潮》一书中，将数据热情地赞颂为"第三次浪潮的华彩乐章"。

不过，大约从 2009 年开始，"大数据"才成为互联网信息技术行业的流行词汇。美国互联网数据中心指出，互联网上的数据每年将增长50%，每两年便将翻一番，目前世界上90%以上的数据是最近几年才产生的。

而大数据发展于数据之上，大数据（big data，mega data），或称巨量资料，指的是需要新处理模式才能具有更强的决策力、洞察力和流程优化能力的海量、高增长率和多样化的信息资产。

尤其是在互联网快速发展的情况下，社会生活中越来越多的活动离不开大数据。

比如，人们随时随地通过各种方式和手段，上传和下载、发布或共享文字、图片、音频和视频等各种形式的数据，以及有越来越多各种形式的数据提供给人们使用。

同时，随着数据生成的自动化、数据生成速度的快速化，数据量随之迅猛增长，而存储设备、内存、处理器等电脑元件成本又在不断下降，使之前昂贵的大数据存储和大数据处理成本不断下降，推动了数据的增长，从而使得大数据成为必不可少的存在。

如今，数字化已经成为经济社会发展的必然趋势，与生产过程必须依赖硬件设备和人力资本一样，企业的业务活动、创新、成长也越来越离不开大数据的支持。

也就是说，社会生活中的任何一项业务活动都与大数据紧密相连，每一个人都是数据的生产者，同时又是数据的使用者。

数据量与日俱增，数据结构繁杂多变，数据产生速度越来越快，数据带给我们的价值远远超过以前，我们已经进入了大数据的时代。

进入大数据的时代，IBM（国际商业机器公司）曾提出了大数据的"5V"特点，如图 4-2 所示。

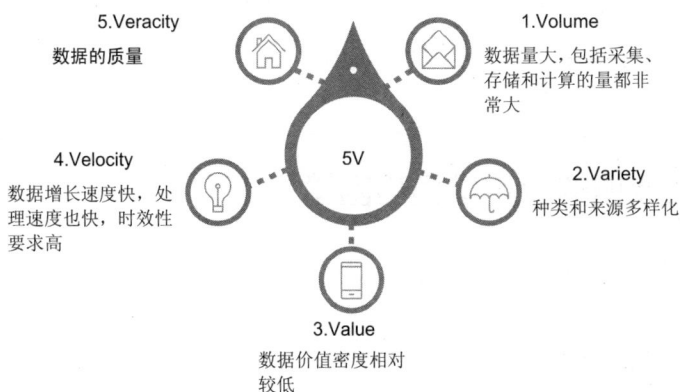

5.Veracity
数据的质量

1.Volume
数据量大，包括采集、存储和计算的量都非常大

4.Velocity
数据增长速度快，处理速度也快，时效性要求高

5V

2.Variety
种类和来源多样化

3.Value
数据价值密度相对较低

● 图 4-2

1. Volume: 数据量大，包括采集、存储和计算的量都非常大

大数据的起始计量单位至少是 P（1000 个 T）、E（100 万个 T）或 Z（10 亿个 T）为存储单位，1T 等于 1024GB。

2. Variety: 种类和来源多样化

种类和来源多样化包括结构化、半结构化和非结构化数据，具体表现为网络日志、音频、视频、图片、地理位置信息等，多类型的数据对数据的处理能力提出了更高的要求。

3. Value: 数据价值密度相对较低

数据价值密度相对较低，也可以说是浪里淘沙却又弥足珍贵。随着互联网以及物联网的广泛应用，信息感知无处不在，信息海量但价值密度较低，如何结合业务逻辑并通过强大的机器算法来挖掘数据价值，是大数据时代最需要解决的问题。

4. Velocity: 数据增长速度快，处理速度也快，时效性要求高

比如搜索引擎要求几分钟前的新闻能够被用户查询到，个性化推荐算法尽可能要求实时完成推荐。这是大数据区别于传统数据挖掘的显著特征。

5. Veracity: 数据的质量

数据的质量也就是数据的准确性和可信赖度。

根据大数据的"5V"特点，在大数据时代，随着数据数量的不断增加，使我们的思维有所改变，不再只关注数据的准确性，不再只关注数据之间的因果关系，还会关注大数据的价值和困境。

4.2 大数据的应用价值与困境

关键词：大数据、价值、困境

主要内容：近年来，大数据成为公众关注的焦点，有其价值，但也有困境

随着信息时代的快速发展，人们越来越意识到大数据的重要价值，并且逐渐使用大数据技术改变社会的生产活动和日常生活，大数据在金融业、商业等方面得到了广泛应用。

随着互联网的应用普及，大数据是新资源、新技术和新理念的混合体，但是，大数据在金融业、商业等方面得到了应用的同时，也存在一些困境，而且不同的应用领域存在着不同的问题。

这里主要介绍大数据的应用价值和普遍性困境，而大数据在不同应用领域存在的针对性困境，将在后面的章节中逐一进行阐述和分析。

4.2.1 大数据的应用价值

大数据场景应用本质上就是数据的业务应用场景，是数据和数据分析在企业经营活动中的具体表现。

在应用实践研究方面，目前大数据现状及发展趋势在实际中的研究应用主要体现在图 4-3 所示的四个方面。

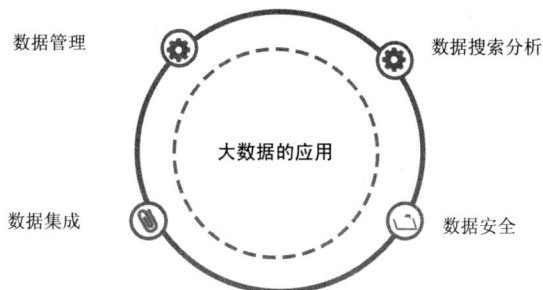

● 图 4-3

数据管理主要用于大型互联网数据库和新型数据存储模型与集成系统中，而数据搜索分析则多用于模型社交网络中，数据集成则通过将不同来源不同作用的数据进行整合从而开发出整体数据库新的功能。

最重要的是在数据安全方面，大数据技术的用户隐私和数据质量问题是大数据需要解决的关键问题。

同时，还可以从不同的维度来了解大数据的场景应用，可以从大数据场景应用的横向和纵向来分析大数据应用场景，也可以从数据应用来分析大数据的应用场景，如图 4-4 所示。

● 图 4-4

从大数据场景应用的横向出发，大数据应用场景为银行、证券、保险、互联网金融、地产、旅游、交通、农业、智慧政府等行业。

从大数据场景应用的纵向出发，大数据应用场景为精准营销、数据风控、效率提升、决策支持、产品运营等方面。

从数据应用出发，大数据应用场景为梳理和整理数据，利用数据描述用户等商业应用场景。

由于各个行业的数据维度和数据质量不同，大数据在不同行业应用的成熟度不同，但金融行业以及商业中的数据维度较多，数据质量也很好，数据集中和数据治理也开展了一段时间，因此金融行业以及商业的大数据应用开展较好，也取得了一些较好的效果。

这里以大数据横向应用中的银行为案例进行分析。

如今，大数据在银行的商业应用还是以其自身交易数据和客户数据为主，外部数据为辅，

但是，大部分数据都集中在数据仓库，都是结构化数据，金融属性较强，而银行便可以利用数据挖掘来分析出一些交易数据背后的商业价值，具体从图 4-5 中的三个渠道进行开发与应用。

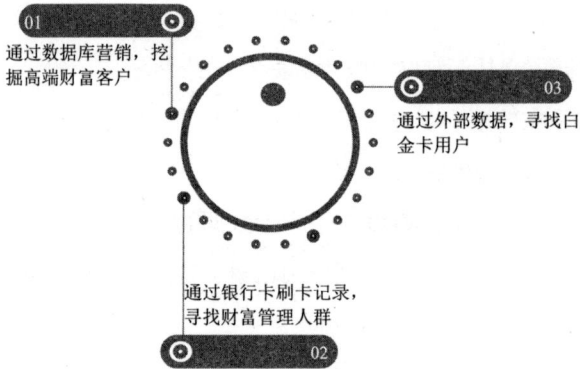

● 图 4-5

1. 通过数据库营销，挖掘高端财富客户

如今，商业银行的战略正在从经营产品转向经营客户，因此目标客户的寻找，正在成为银行数据商业应用的主要方向，其中高端财富管理和理财客户的挖掘，成为吸收存款和理财产品销售的主要应用领域。

比如，银行可能为一些物业公司提供物业费代缴手续的帮助，其中包含了较多的高档楼盘的代扣代收，银行可以依据物业费的多少来识别出高档住宅的业主，进而找到高端理财客户。

2. 通过银行卡刷卡记录，寻找财富管理人群

我国有很多高端财富人群，银行可以根据这些人群的消费习惯、消费场景以及移动设备的位置数据，并参考 POS 机的消费记录定位这些高端财富人群，为其提供定制的财富管理方案，吸收其成为财富管理客户，提高存款和

理财产品销售。

3. 通过外部数据，寻找白金卡用户

与高端财富人群一样，银行可以参考客户乘坐头等舱的次数、出境游消费金额、境外数据漫游费用来为这类客户提供白金卡服务，这种消费场景的关联应用是典型的大数据应用方式，也是目前数据库营销和数据风控常用的场景。

这里就不详细列举大数据的应用领域了，在后面的章节中将结合区块链技术进行详细介绍。

4.2.2 大数据的困境

虽然大数据受到了追捧，也能够应用于金融业、商业等领域，但不可否认的是，大数据在应用领域中确实还存在一些综合性困境，如图 4-6 所示。

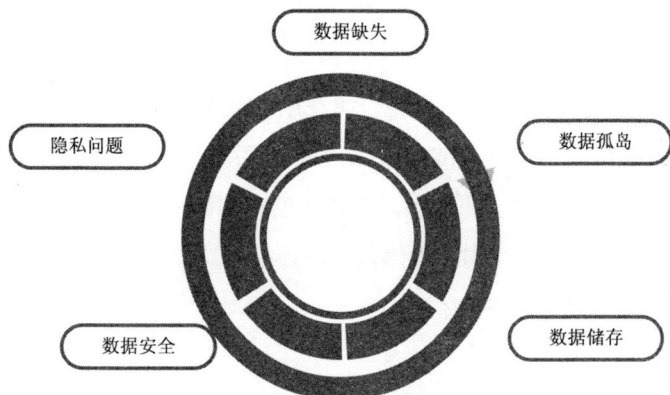

● 图 4-6

1. 数据缺失

丰富的数据源是大数据产业发展的前提，而互联网时代不同领域信息的数据化之间存在较大差距，对于制造业、通信业以及 IT 业来说，信息的数据化程度较高，但也存在缺乏数据共享和数据交换的情况。

而医疗、教育等行业，信息数据化的程度则远远落后，比如医疗业数据的建立，主要依靠电子健康档案，包括门诊治疗、住院治疗、健康体检等数据，这些数据若是进行相互关联，那么容易遇到医院数据源不全、各种信息源数据不统一、区域数据集中存储进展缓慢、数据的安全和隐私保护等问题。

2. 数据孤岛

数据不开放，是导致数据不能共享的根本原因。比如在大数据时代，各大企业是数据的主要持有者，但是，正因为数据中蕴含着宝贵的商业价值，各大企业也不会随便开放自身拥有的有价值的数据。

我们通过搜索引擎进行分析，如图 4-7 所示。

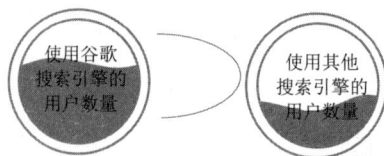

● 图 4-7

相较而言，人们更喜欢用谷歌进行搜索，导致谷歌的用户更多，积累的数据量也就更大，从而各种用户特殊的搜索需求都能在大数据中找到最佳的应对策略。

即使其他的搜索引擎同样好用，可在用户数量上无法达到像谷歌一样的规模，也就无法实现谷歌那样对大数据中的利用。

按照大数据开放共享的理念，不同的搜索引擎应该彼此开放基础数据，从而都能为用户提供更好的搜索体验，但是很显然，至少对谷歌而言，这样的要求不会得到谷歌的积极响应。

3. 数据存储

大数据发展面临着数据是来自不同地方、不同标准、数据量大、结构形式多样、实时性高等多样化的要求。

这些问题无疑增加了数据采集和整合以及数据存储的难度，故此应修改基于块和文件的存储系统的架构设计，以克服存在的问题。

4. 数据安全

数据的持续增长带来了数据的安全问题。

尤其是在这个社交媒体已渗入我们生活各个角落的年代，用户数据价值不断凸显。2018 年初，在不断发酵的 Facebook 平台用户数据泄露丑闻中，一家名为"剑桥分析"的公司被媒体曝光以不正当方式获取了超过 5000 万

Facebook 用户的数据，这一丑闻说明，尽管许多人还没开始在意自己在网上的个人数据，但这些数据都存在被滥用的隐忧。

即使出现了丑闻，但 Facebook 数据泄露的问题仍然没有停止，欧洲多国政府以及欧盟官员也对 Facebook 关于用户隐私使用的问题提出质疑，印度政府官员也曾表态并对 Facebook 发出"警告"，不过随后却"后院起火"。

据印度媒体消息称，2018 年 3 月 21 日，印度信息通信部部长 Ravi Shankar Prasad 就"数据泄露"事件对包括 Facebook 在内的社交网络公司发出了警告，即"我们不接受也不会容忍任何或明或暗、通过包括 Facebook 在内的社交网络进行的、试图影响印度选举进程的不受欢迎的企图"。Prasad 表示，"如果有必要，我们将采取严厉的应对措施。"该官员甚至对 Facebook 公司的 CEO 发出了警告。不过就在两天后，由印度国民身份认证局（UIDAI）运营的印度国民身份证计划（Aadhaar）也被曝存在会导致系统数据泄露的漏洞。

2018 年 3 月 23 日，科技商业媒体 ZDNet 表示，Aadhaar 计划数据库因安全漏洞遭到攻击，几乎所有印度公民都会受到影响。

不得不说，在大数据时代，数据安全的警钟正在全球范围内敲响。

5. 隐私问题

在前文说过，在互联网与信息化的时代，我们每一个人都使用、生产、接收，以及分享着各种数据，我们的生活和工作与数据共享之间的关系度很高，在以下几个方面得到了很好地验证（见图 4-8）。

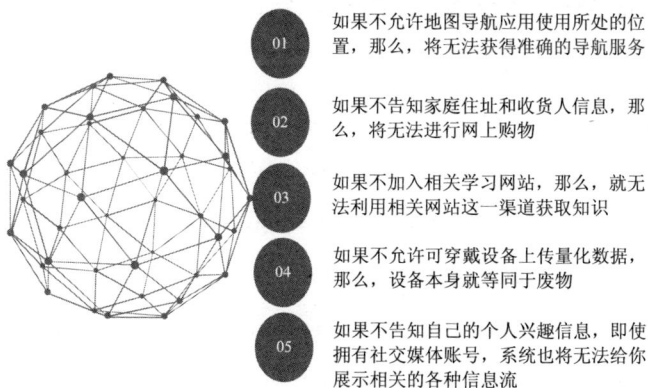

01 如果不允许地图导航应用使用所处的位置，那么，将无法获得准确的导航服务

02 如果不告知家庭住址和收货人信息，那么，将无法进行网上购物

03 如果不加入相关学习网站，那么，就无法利用相关网站这一渠道获取知识

04 如果不允许可穿戴设备上传量化数据，那么，设备本身就等同于废物

05 如果不告知自己的个人兴趣信息，即使拥有社交媒体账号，系统也将无法给你展示相关的各种信息流

● 图 4-8

可见，共享数据、先予后取正在成为越来越多应用使用的必要条件，数据共享已经成为大数据时代的必然产物。

但是，不可忽视的是，互联网的虚拟身份与现实身份之间有着巨大的差距，随着互联网深入渗透到生活的方方面面，虚拟身份与现实身份之间形成了某种联系。

因为各种账号系统、电脑中各种应用所内置的 Cookie、设备指纹技术、生物隐性行为识别技术（如 Biocatch）、图像识别技术等，都有助于用来识别出每个具体的个人。

基于此，《黑箱社会：掌控信息和金钱的数据法则》的作者弗兰克·帕斯奎尔提出这样的观点：个人信息越来越多地被别人掌握，而每个人本身既不能阻止这种情况的发生，也不知道会产生怎样的后果。

一方面，各种终端、传感器和记录设备无处不在地记录着用户的虚拟世界和现实生活中的应用数据和生活轨迹，通过大数据技术可以观测到用户生活和工作中的数据。而另一方面，作为这些数据归属权的主人，不知道哪些数据被谁用什么样的方式进行记录，也不知道这些被记录的数据会被如何使用，甚至是利用，这个过程对用户来说就是一个神秘的黑箱。

大数据存在的这些困境是普遍的，很多应用大数据的领域，比如金融业、商业等领域，还存在着各自不同的困境，这里就不进行详细分析了。

4.3　大数据与区块链之异同

关键词： 大数据、区块链、相同、差异

主要内容： 大数据与区块链之间存在差异

大数据与区块链的分布式数据具有不同的系统和能力，从本质上来说，大数据与区块链分布式数据是存在差异的。

通过前面的介绍，我们知道，大数据需要应对海量化和快增长的存储要求，那么，这就要求底层硬件架构和文件系统在性价比上要大大高于传统技术，能够弹性扩张存储容量。另外，大数据对存储技术提出的另一个挑战是

对多种数据格式的适应能力。

静态区块链技术，本质上是一种分布式的数据库系统，区块链技术作为一种链式存取数据技术，通过网络中多个参与计算的节点来共同参与数据的计算和记录，并且互相验证其信息的有效性。

从这一点来说，区块链技术也是一种特定的数据库技术，由于去中心化数据库在安全、便捷方面的特性，也可以说，区块链技术是可以对现有大数据发展进行升级与补充。

而大数据的分析挖掘是数据密集型计算，需要巨大的分布式计算能力，节点管理、任务调度、容错和高可靠性是关键技术。

从大数据和区块链的概念上来看，大数据与区块链本来就是两种不同的东西，同时，大数据可以放在数据两字上，是由各种社会活动产生的，而区块链是一种底层技术，就像是互联网一样，但区块链把互联网作为自己的一个底层，在互联网的底层上搭建了一个区块链网络。

那么，大数据与区块链之间主要存在什么差异？如图 4-9 所示。

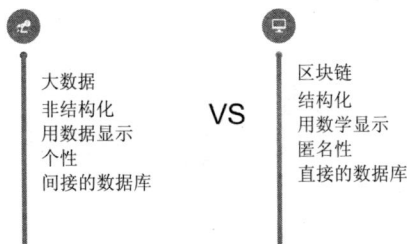

大数据
非结构化
用数据显示
个性
间接的数据库

VS

区块链
结构化
用数学显示
匿名性
直接的数据库

● 图 4-9

大数据需要处理的更多的是非结构化数据，而区块链是结构定义严谨的块，通过指针组成的链，是典型的结构化数据。

大数据用数据转化成信息，运用信息处理相关事物，且大数据重在信息的整合分析，而区块链试图用数学说话，且主张"代码即法律"，为保证安全性，区块链上的信息是相对独立的。

大数据富有个性，而区块链技术中的分布式结构运用在账本中时，其账号是公开的，而账本则是对外保密的，凸显区块链的匿名性。

大数据是对数据的深度分析和挖掘，是一种间接的数据，而区块链系统本身就是一个数据库。

4.4 互联互通，区块链重建大数据产业

关键词： 大数据、区块链、相互发展

主要内容： 区块链中能够使用大数据技术，而大数据中也能够使用区块链技术

根据大数据与区块链之间的差异，以及两者各自的优势，可以将两者进行互联互通，从而推进两者的发展和应用。

4.4.1 区块链 + 大数据：在区块链中使用大数据技术

在区块链中能够使用大数据技术，主要基于大数据的两项特性，如图 4-10 所示。

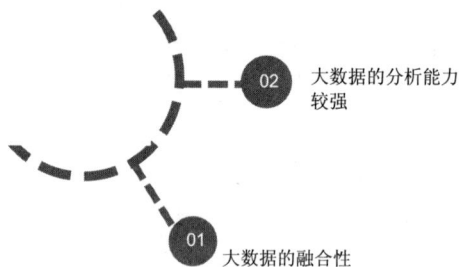

02 大数据的分析能力较强

01 大数据的融合性

●图 4-10

1. 大数据的融合性

大数据的融合性体现在大数据是云计算技术、物联网和互联网广泛普及的结果。

2. 大数据的分析能力较强

区块链提供的是账本的完整性，数据统计分析的能力较弱；大数据则具

备海量数据存储技术和灵活高效的分析技术，可以极大提升区块链数据的价值和使用空间。

4.4.2 大数据＋区块链：在大数据中使用区块链技术

在互联网环境下，如何突出透明性、安全性，区块链有其用武之地。

在大数据的系统上使用区块链技术，可以使数据不能被随意添加、修改和删除，当然其时间和数据量级是有限度的，但区块链技术可以对其进行补充，主要基于区块链的两项特性，如图 4-11 所示。

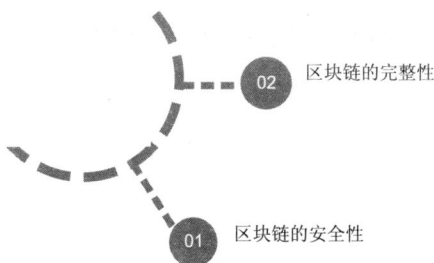

● 图 4-11

1. 区块链的安全性

由于区块链具有可信任性、安全性和不可篡改性，可以对大数据作 Hash 处理，并加上时间戳，存在区块链之上。

在未来的某一时刻，当我们需要验证原始数据的真实性时，可以对对应的数据做同样的 Hash 处理，如果得出的答案是相同的，则说明数据是没有被篡改过的。

区块链这一特性，能够让更多数据被解放出来，推进数据的海量增长，区块链的可追溯性使得数据从采集、交易、流通到计算分析的每一步记录都可以留存在区块链上，使得数据的质量获得前所未有的强信任背书，进一步保证数据分析结果的正确和数据挖掘的效果。

2. 区块链的完整性

区块链的完整性有利于突破数据孤岛，建立数据横向流通机制，形成"社会化大数据"，基于区块链的价值转移网络，逐步推动形成基于全球化的数据交易场景，使得数据实现真正的共享。

可以说，区块链与大数据相辅相成。

在金融业数字经济的大环境下，数据的使用效率越来越大，完全可以通过区块链技术得到更好地应用，来为整个数字生态系统提供支撑，区块链技术既能实现数据共享又能保护用户隐私。

同时，区块链还能够应用在金融行业的支付与结算中，实现点到点交易，减少中间费用；实现数据传输与存储的安全性，减少风险。

而区块链商业应用为商业模式的创新提供了巨大想象空间，结合大数据时代，区块链在供应链、物联网、智能经济等领域，在解决数据管理、数据存储、隐私问题中发挥重要作用，在下面的章节中将会详细介绍。

第 5 章

区块链率先踏入金融领域

————————————————○—————————————————

　　区块链在创新和应用探索中，金融是最先踏入的领域，也是最主要的领域，结合大数据时代，区块链正在影响和改变现阶段的金融领域。

本章导读:

➤　传统金融业、互联网金融与新金融

➤　互信共识与数字货币

➤　泛中心化的网络支付

➤　区块链实现股权众筹

➤　互联网征信新模式

5.1 传统金融业、互联网金融与新金融

关键词： 传统金融业、互联网金融、新金融、区块链

主要内容： 随着传统金融、互联网金融的发展，新金融业开始受到重视，新金融要素逐渐市场化、金融主题逐渐多元化

传统金融站在金融行业的初始，开展了存款、贷款和结算三大传统业务。

但是，随着互联网的出现，互联网金融浪潮正在全球范围内改变现有的金融业务模式，比如互联网银行、互联网保险、互联网券商相继出现，但是，互联网也只是在改变它们的经营模式，而不是金融架构。

然而，区块链的出现，好像有望改变这一现象，区块链技术有望使金融业的下次升级更加接近金融的本质——信用。从区块链的理论上来说，在技术识别能力足够的情况下，区块链技术能让交易双方无须借助第三方信用中介开展经济活动，从而实现全球低成本的价值转移，从而为传统金融行业以及互联网金融行业带来一场变革。

5.1.1 传统金融业

传统金融主要只开展图 5-1 中的业务。

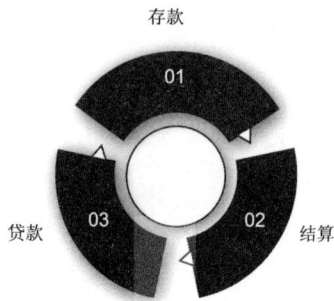

● 图 5-1

在存款、贷款和结算这三大金融活动中，商业银行发挥着枢纽的作用。银行是最为传统，也是最为重要的大型金融机构。

在传统金融业里，银行扮演着国家经济的中介人的角色，承担着包括信用中介、支付中介、信用创造和金融服务的职能。

5.1.2　互联网金融业

互联网金融是传统金融行业与互联网精神相结合的新兴领域，互联网金融是指以依托于支付、云计算、社交网络以及搜索引擎等互联网工具，实现资金融通、支付和信息中介等业务的一种新兴业态。

从狭义上来说，互联网金融涵盖了网络银行、网络证券、网络保险等各个方面的金融服务及其部分相关内容。

互联网金融的最大特点是它以虚拟的形式存在，通过完全网络化的手段来运行。因此，它的存在和发展完全是适应电子商务应用和互联网高新技术的需要的。

与传统金融业相比较，互联网金融具有以下四点优势（见图5-2）。

●图 5-2

1. 发展速度快

依托于大数据和电子商务的发展，互联网金融得到了快速的发展。

2. 使用覆盖广

互联网金融模式下，客户能够突破时间和地域的约束，在互联网上寻找需要的金融资源，金融服务更直接，客户基础更广泛。同时，互联网金融的客户以小微企业为主，覆盖了部分传统金融业的金融服务盲区，有利于提升资源配置效率，促进实体经济发展。

3. 运行成本低

互联网金融模式下，资金供求双方可以通过网络平台自行完成信息甄别、匹配、定价和交易，无传统中介、无交易成本、无垄断利润。

一方面，金融机构可以避免节省开设营业网点的资金投入和运营成本；另一方面，消费者可以在开放透明的平台上快速找到适合自己的金融产品，降低了信息不对称程度，更省时省力。

4. 运行效率高

互联网金融业务主要由计算机处理，操作流程完全标准化，客户不需要排队等候，业务处理速度更快，用户体验更好。

5.1.3　新金融业

随着互联网和信息技术的发展，区块链、移动互联网、大数据、云计算，以及物联网等技术正在快速发展，各种新技术、新理念正在冲击着互联网金融，新的金融模式不断涌现。

新金融的市场特征是金融要素市场化、金融主题多元化，可以图 5-3 中的两个方面对新金融进行解释。

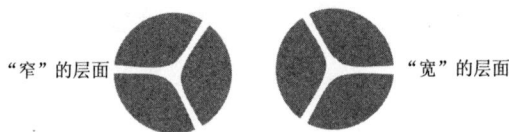

"窄"的层面　　　　　　　　　　　　　　"宽"的层面

● 图 5-3

从"窄"的层面来讲，新金融是以直接融资为主导，以新金融组织和新金融业态为特征，以新金融工具、新金融产品为引领的一种新的金融趋势和新的金融现象。

从"宽"的层面来讲，新金融是指包括传统金融在内的整个金融系统所产生的新的变革。

与新金融相比,互联网金融暴露了其制约因素,主要有两个,如图 5-4
所示。

• 图 5-4

1. 金融的封闭性

很多使用互联网金融的专业人士认为,互联网金融之所以能够比传统金
融发展得好,不是因为二者在实现金融服务模式的技术手段上的差异,而是
因为二者在实质内涵和精神理念上的巨大差异。

互联网金融被认为是将互联网的精神通过互联网、移动互联网、大数据、
云计算等工具手段渗透到传统金融服务当中。但是,互联网金融也只是具备
一些透明度更高、参与度更广、协作性更好、中间成本更低、操作上更便捷
等一些新金融业态的新兴特征,与真正的新金融还是存在区别。

2. 金融的局限性

互联网金融应该可以用来解决当前国内小微企业"融资难、融资贵"的
问题。

但是,由于互联网金融企业自身经营的特点,要实现当前短期盈利的现
实目标,需要加大考察力度,比如精挑细选优质的资产,做好严格的风控,
考察的结果往往是选择优质的、有抵押物的大企业,这样,就与互联网金融
长期发展的普惠金融梦想存在较大的现实矛盾。

普惠金融是由联合国在 2005 年提出的,主要是为普惠大众提供综合性金

融服务解决方案而提出的，但是，互联网金融至今并没有成为广大低收入人群获得金融服务的有效渠道。

同时，以互联网金融最具优势的大数据信用评估和风险评估来说，在现实应用中，受限于信息来源、风险评估技术等，至今仍有很大的局限性。

就如电商小贷，由于电商小贷能依据电商平台积累的大量电商交易信息，结合外部数据，利用大数据分析手段评估一些传统金融难以应对的小微企业（小微企业是小型企业、微型企业、家庭作坊式企业、个体工商户的统称）的信用状况和贷款风险，电商小贷业务便获得了小微企业的竞争优势，但是，由于一些小微企业多属于实体行业，往往因信息不对称而更加难以融资。

相比较互联网金融，新金融的出现则弥补了互联网金融的不足，这点，可以从新金融的特征上进行分析，整体上看，新金融具有以下特点，如图 5-5 所示。

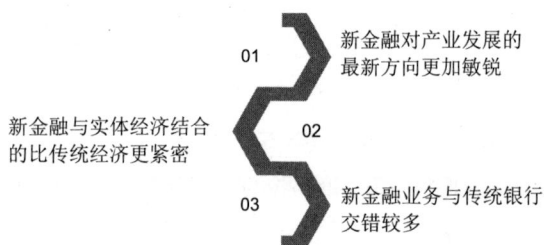

新金融对产业发展的最新方向更加敏锐 01

新金融与实体经济结合的比传统经济更紧密 02

03 新金融业务与传统银行交错较多

● 图 5-5

1. 新金融对产业发展的最新方向更加敏锐

以私募基金、天使投资为例，其不仅为企业提供资金支持，而且帮助企业对产业发展方向做出专业判断；而新金融利用大数据的特点，将会给私募基金、天使投资提供强大的数据支持。

2. 新金融与实体经济结合的比传统经济更紧密

随着"互联网＋"的推进，以金融科技为代表的新金融形态将科技与实体经济有机结合，最为常见的就是支付宝、微信支付、银联，各类移动支付终端和二维码标识已经成为收银台的标配。

3. 新金融业务与传统银行交错较多

新金融业务与传统银行业务交错重叠较多，如委托贷款和委托理财，因而，新金融业态作为传统商业性、政策性金融的一种有效补充，在增强金融市场活力、拓展完善金融产业链的同时，还可以进一步提高金融业的整体附加值，支持并服务于经济的转型发展。

5.2　互信共识与数字货币

关键词： 货币、数字货币、区块链

主要内容： 货币历经了五个发展阶段，发展到数字货币时，区块链与比特币是相伴而生的，是数字货币产生的核心技术基础

数字货币是区块链最早应用的领域，逐渐被金融行业所重视，以比特币为代表的数字货币更是发展迅猛，但也随之产生了争议。本节将数字货币与传统货币进行对比，总结了数字货币的含义、特征，以及弊端。

5.2.1　货币阶段史的发展

货币是市场上的一个等价物，也是人类文明发展史上的一座里程碑。

人类的货币发展，从最开始到至今，有五个阶段，如图 5-6 所示。

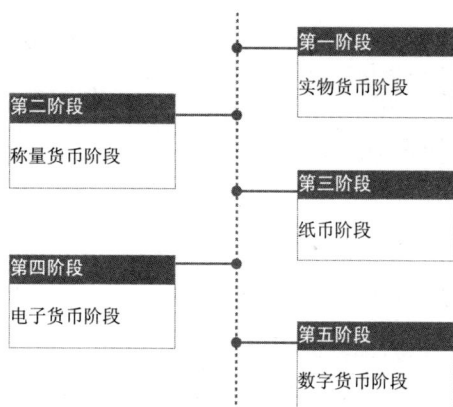

第一阶段
实物货币阶段

第二阶段
称量货币阶段

第三阶段
纸币阶段

第四阶段
电子货币阶段

第五阶段
数字货币阶段

● 图 5-6

第一个实物货币阶段，通常指远古时期，各地的人们相约在某地交换自己需要的物品。因为各人所需不同，而各人所拥有的可供交换的物品又不同。为了方便大家交换，而临时约定一种物品为交换中的"等价物"，这种"等价物"就是实物货币。

第二个称量货币阶段，这是我们今天能够看到实物的一种历史货币，也是我们今天仍然在小范围使用的一种货币。

第三个纸币阶段，这是当今世界各国都在使用的一种货币。纸币是一种价值符号，是由国家发行的一种有时限、有地域限制的货币。换句话说，任何一种可以在某一时间，某一地区内流通的价值符号，又都可以视为纸币的一种。

第四个电子货币阶段，这是人类发明的最新的货币形式，电子货币是指用一定金额的现金或存款，向货币发行者兑换并获得代表相同金额的数据，通过使用计算机电子化方法将该数据直接转移给支付接收对象，电子货币能够用来完成交易、清偿债务。

第五个数字货币阶段，即广泛使用的新式货币，建立在电子货币之上，发展在电子货币之上，作为互联网金融衍生产物，数字货币中的比特币横空出世，自诞生开始，便在互联网平台上引领了市场风潮，极短时间内掀起波澜。

5.2.2 基于区块链的数字货币

区块链与比特币是相伴而生的，是数字货币产生的核心技术基础。区块链可以定义为一种基于密码学技术生成的分布式共享数据库记录，可以理解为互联网上基于共识机制建立起来的集体共同维护的公开大账本。

与大多数法定货币不同，数字货币不依靠任何特定权威机构发行，它依据基于区块链技术的一套算法，通过计算机网络中大量的计算产生。

数字货币采用基于区块链技术的分布式总账本技术，与传统信用货币相比具有巨大的优势。一方面，通过匿名以保护隐私；另一方面，针对双方需要看到对方的账目的需求，可以在不泄露隐私的情况下实现相互信任。

综合来讲，数字货币具有以下几点特征（见图5-7）。

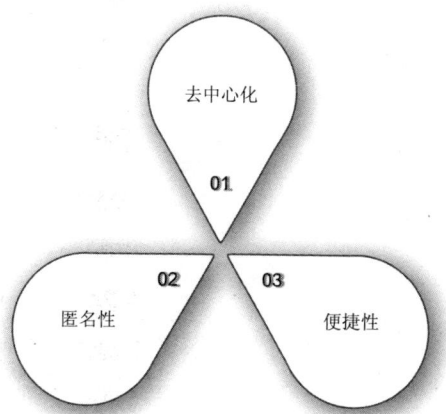

● 图 5-7

1. 去中心化

从发行机制来看，数字货币是没有权威的发行主体的，没有任何权威机构为其信用背书，具有非常明显的去中心化特征。

数字货币的发行和流通不依赖于中央银行、政府、企业等中心机构组织的支持或担保，依赖的是信息技术、密码算法、共识协议等一套计算机算法。

正因数字货币没有一个集中的发行方，所以是通过分布式的网络节点的计算产生，理论上任何人在任何时间、任何地点都可以参与制造数字货币。

就如同中本聪思维中的以比特币，它是已经全球通用的价值货币，比特币没有任何的中央发行主体，也不存在中心节点，是一种去中心化的货币。

2. 匿名性

正是因为数字货币曾是全球通用货币，可以指定用途和接收人，外加特定的支付条件，并且将所有这些信息进行加密，然后添加到网络上分布式的总账中，并对交易中账户信息完全匿名，具有很高的安全性。

同时，数字货币通过计算机网络产生的过程中都是以加密的形态出现的，且信息一旦生成便不可更改。每次支付的金额都有一个加密值且不能更改，按照时间顺序存储，保证了货币从源头的可追溯性。

除此之外，数字货币的身份验证与以法定货币为基础的电子交易身份验证存在区别，最大的区别就是数字货币具有较强的匿名性特征，匿名性主要体现在以下几个方面，如图 5-8 所示。

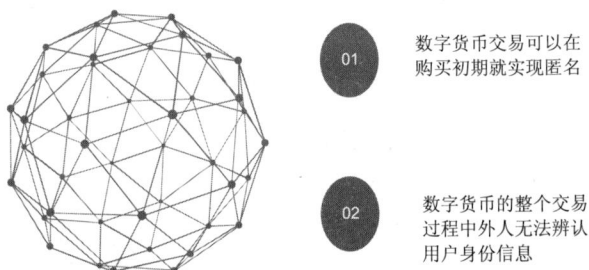

数字货币交易可以在购买初期就实现匿名

01

数字货币的整个交易过程中外人无法辨认用户身份信息

02

● 图 5-8

一是数字货币交易可以在购买初期就实现匿名，也就是说，用户仅需提供资金或通过信用卡就可以购买数字货币，交易过程中较少涉及用户的身份信息。

二是数字货币的整个交易过程中外人无法辨认用户身份信息，比如使用比特币进行支付时，用户申请账户时不需要拥有银行卡或账户，也不需要注册和提供任何个人信息，即可实现方便的收款和付款功能，体现了数字货币交易过程的匿名性。

3. 便捷性

数字货币不受时间和空间的限制，能够快捷方便且低成本地实现境内外资金的快速转移，整个支付过程更加便捷有效。如货币跨境转汇，传统货币转汇境外不仅需要通过银行机构履行较为复杂的手续，还需要较长的资金转移过程，一般为 1~8 个工作日。

相比传统货币的不便捷，数字货币则能实现境外转汇的低成本便捷化服务，如通过 Paypal 办理境外转汇业务时，可以在接受支付命令后将转汇金额即时记入到收款人的 Paypal 账户，实现业务交易的即时性。

5.2.3 数字货币的弊端

虽然相比较传统货币，数字货币具有去中心化、匿名性以及便捷性的特点，但是，数字货币还存在很多的弊端，如图 5-9 所示。

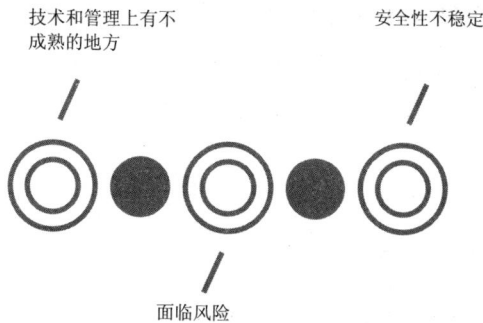

技术和管理上有不
成熟的地方

安全性不稳定

面临风险

● 图 5-9

1. 技术和管理上有不成熟的地方

数字货币的诞生和发展的速度较快，但在技术和管理方面发展还不成熟，在成本、效率、存储、安全等方面都还有很多问题没有解决。

2. 面临风险

相对于现在的货币支付系统，数字货币系统有可能会面临更多的风险，特别是来自互联网的危险，比如黑客的入侵、数据混淆等风险。

3. 安全性不稳定

有些数字货币发展得太快，不够平稳，如果迅速扩大或蔓延，有可能给消费者带来很大的负面影响，也许还会向金融和货币政策传导，产生一些不可预测的影响。

5.3 泛中心化的网络支付

关键词： 网络支付、去中心化、区块链

主要内容： 随着网络支付的崛起，区块链的泛中心化网络支付系统，逐渐得到了开发和应用

区块链技术一直因其不可篡改、全网同步、透明、低成本等特点而备受夸赞。随着时代的发展，区块链技术不断地实现突破，世界各国越来越多的金融机构考虑采用区块链技术提高效率，降低成本。

区块链目前是支付领域的技术应用中进展最快的，区块链技术能够避开繁杂的系统，在付款人和收款人之间创造更直接的付款流程，不管是境内转账还是跨境转账，这种方式都有着低成本、迅速的特点，而且无须中间手续费。

5.3.1　区块链的支付功能

基于区块链的泛中心化网络支付系统，依托区块链的去中心化技术，基于一个不需要进行信任协调的共识机制直接进行资金的转移。

由于建立一个可靠的、中心化的第三方机构需要庞大的服务器成本和维护成本等，并且一旦受到攻击就可能影响整个系统的安危，而去中心化方式在省却了这些成本的同时，其系统的每个节点均存储有一套完整的数据副本，即便多个节点受到攻击，也很难影响整体系统的安全。

因此对去中心化模式而言，其本身的价值转移成本及安全维护成本都相对较低。

同时，由于区块链支付建立在泛中心化的分布式网络信用基础之上，能够减少第三方金融机构的中间交易环节，不但具有可以全天候支付、瞬间到账、提现容易及没有隐形成本等优点，也有助于降低跨境电商中资金支付的风险，满足跨境电商对支付清算服务的便捷性需求。

在跨境业务中，对于不同币种之间的货币兑换，区块链钱包建立了一套算法，能迅速匹配到提供最优惠换汇价格的做市商，然后由该做市商接受付款行的货币，并向收款方支付其所需的货币，这里的做市商承担的就是网关角色，通过做市商对双方债权债务的清算来完成跨境汇款。

所以，在支付领域，区块链技术的应用有助于降低金融机构间的对账成本及解决争议的成本，从而显著提高支付业务的处理速度及效率，使金融机构能够处理以往因成本因素而被视为不现实的小额跨境支付。

利用区块链技术的去中心化模型，在支付应用中，每台电脑主机都是一个节点，而且它们之间都是平等的，系统中各个节点可以直接交互，没有中心节点的概念。

同时，任意两个节点的交易信息都对全网加密，所有节点都以加密区块存储的方式，按时间序列单独记录，进而形成一种全新的去中心化模式，因此，A 向 B 汇款的过程就要便捷很多，如图 5-10 所示。

由此可以看出，基于区块链的转账支付系统具有高效率性、高安全性、高实用性以及高扩展性等特点。

采用区块链技术，使用分布式核算，每一用户都能凭密码查询交易状态，资金实时清算，既降低交易成本和风险，又使交易效率大大提升。

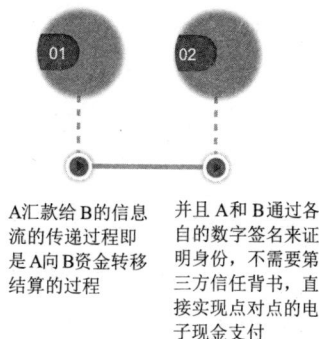

A汇款给B的信息流的传递过程即是A向B资金转移结算的过程

并且 A 和 B 通过各自的数字签名来证明身份，不需要第三方信任背书，直接实现点对点的电子现金支付

• 图 5-10

5.3.2　泛中心化的支付案例

区块链因其安全、透明及不可篡改的特性，使金融体系间的信任模式将不再依赖中介者。在跨境支付和结算中，区块链可以摒弃中转银行的角色，实现点到点快速且低成本的跨境支付。

根据麦肯锡测算，从全球范围看，区块链在 B2B 跨境支付和结算业务中的应用可以将每笔交易成本从 26 美元降到 15 美元。

未来银行与银行之间可以不再通过第三方，而是通过区块链技术实现点对点的支付，不但省去了第三方金融机构环节，还可以实现全天候支付、实时到账、提现简便及没有隐形成本。

我们来看几个应用区块链泛中心化的网络支付，如图 5-11 所示。

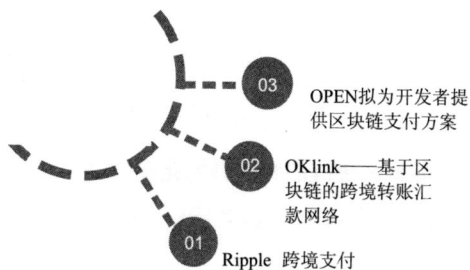

OPEN拟为开发者提供区块链支付方案

OKlink——基于区块链的跨境转账汇款网络

Ripple 跨境支付

• 图 5-11

1. 案例：Ripple 跨境支付

Ripple 是全球第一家国际网络支付公司，其利用通用的全球基础架构将这些孤立的网络连接起来，以分布式账本保障实时结算、确保交易的确定性，并减少风险，以此提高金融结算效率。

Ripple 公司的核心产品是 Inter Ledger Protocol 协议，本质上是一个实时结算系统和货币兑换与汇款网络，它基于一个分布式开源互联网协议、共识总账（consensus ledger）和原生的货币 XRP（瑞波币）。

Ripple 的分布式金融科技将使银行能够在不同网络之间发送实时国际付款。

作为一个定位独特的分散式金融技术，Ripple 在开启价值互联网的网络效应方面起到关键作用。Ripple 向跨境支付参与各方提供了一个功能更完善的跨国支付方式，如图 5-12 所示。

对大型国际性银行来说，这可以降低运营成本，增加跨境支付市场份额；对中小型银行来说，能够提供具有竞争力的流动性资金，吸引新的客户；对第三方做市商来说，可以进行竞争，为全球提供流动性资金，提供具有竞争力的外汇汇率；而对于个人和企业来说，可以享受更快、更便宜、状态可见的支付服务。

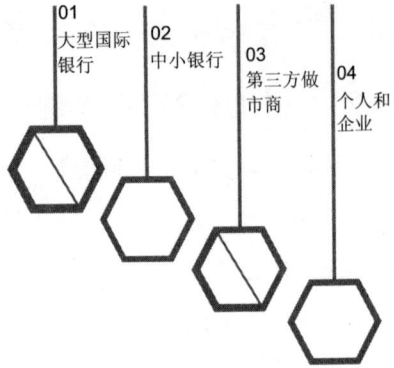

● 图 5-12

正因泛中心化网络支付带来的便捷，2016 年 Ripple 公司发布的去中心化总账技术调查报告指出：使用 Ripple 网络及本机加密代币 XRP（瑞波币）进行跨境支付的银行与使用传统模式的银行相比可节约多达 42% 的费用，流动性成本减少 65%，支付运营成本减少 48%，并且 Basel Ⅲ 税务执行费用也会减少 99%。

2. 案例：OKlink——基于区块链的跨境转账汇款网络

我们知道，区块链是利用分布式账本进行交易和物品管理的数据处理技术。

在无法建立信任的互联网上，区块链技术依赖密码学和巧妙的分布式算法，无须借助任何第三方中心机构的介入，用数学的方法使参与者达成共识，并且保证交易记录的存在性、合约的有效性以及身份的不可抵赖性。

本质上，依靠网络层面的去中心化，互联网实现了信息的低成本、可靠传递。

但是，区块链技术有所不同，区块链技术是在应用层面去中心化，依靠民主的审核和记账、账本的共享，实现信任和价值的可靠传递。

可以说，区块链让国际汇款变得简单和便捷。

比如，现在我们去银行汇款 1 万美元到美国，除了 0.1% 的手续费以外，还需要支付电信费。

OKlink 是一个小额汇款网络，基于区块链的跨境支付实际上是用比特币或其他虚拟货币做中介来实现的跨境支付。

具体而言，系统会将代币／数字资产作为中介，先把汇款人所在地的法币转换为代币／数字资产，并在收款端把代币转换为收款人所在地的法币，以此完成跨境支付，OKlink 的跨境支付过程，如图 5-13 所示。

●图 5-13

现在对上图中的步骤加以详细解释：OKlink 开设信托账户后，汇款机构需要在 OKlink 的子账户中预先存入不低于 1 万美元才能获得相应的 OKD（OKD 和美元 1:1 挂钩）。

此时，汇款人发出汇款指令，汇款机构将汇款人所用的货币按照其与美元的实时汇率折算成 OKD，当收款机构收到 OKD 后，按照美元与收款人所用的货币的实时汇率折算成后者后支付给收款人，最后，收款机构按需将信托账户中的 OKD 转换成美元。

案例 3: OPEN 拟为开发者提供区块链支付方案

对于开发者来说，需要的不仅仅是接受加密货币的钱包，还需要能够将支付信息（包括他们的商品／服务销售）更新到脱链数据库技术堆栈，验证已经购买的用户一个特定的项目以及安全和验证是一个区块链，可以与现有的链外架构进行通信。

而 OPEN 平台在开发处理任何区块链（以太坊）付款所需的基础架构应用程序中做了很多的研究，使开发人员能够处理应用程序的付款方案，接收加密电子邮件；同时，跟踪、验证和授权购买区块链的用户；确认来自应用程序的数字资产（商品或服务）的购买者确实可以访问该资产；通过开发友好的 API 更新应用程序层和数据库。

OPEN 团队分析，适用于开发者的第三方区块链支付解决方案的需要提供几类功能，如图 5-14 所示。

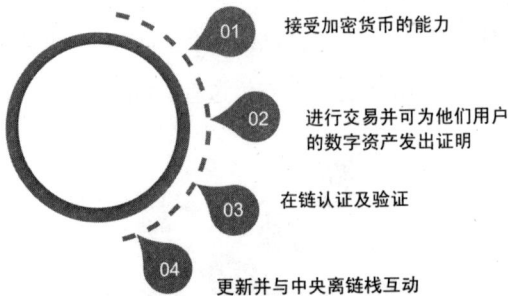

01 接受加密货币的能力

02 进行交易并可为他们用户的数字资产发出证明

03 在链认证及验证

04 更新并与中央离链栈互动

● 图 5-14

上图中接受加密货币的能力、进行交易并可为他们用户的数字资产发出证明、在链认证及验证，以及更新并与中央离链栈互动的这四个功能都有助于网络支付能力的进一步提高。

5.4 区块链实现股权众筹

关键词：众筹、股权众筹、区块链

主要内容：股权众筹中存在很多问题，诸如缺乏安全保障、交易烦琐等，而区块链中的共识机制将有助于解决这些问题

随着互联网的逐渐普及，众筹也渐渐走进人们的视野，众筹颠覆了传统

融资的模式，对金融的发展起着很重要的作用。众筹中的股权众筹在带来利益与便捷的同时，还带来了缺乏安全保障、交易烦琐等问题，区块链技术中的共识机制，将有助于有效地解决这类问题。

5.4.1 众筹与股权众筹

众筹（crowd funding）是 2009 年出现的网络商业模式，是指一种向群众募资，以支持发起的个人或组织的行为，具有低门槛、多样性、创新性、依靠大众力量等特征，一般而言是通过网络上的平台来联结起赞助者与提案者。

群众募资被用来支持各种活动，包含灾害重建、民间集资、竞选活动、创业募资、艺术创作、自由软件、设计发明、科学研究以及公共专案等。

通过众筹平台筹集资金，无论是项目的支持者，还是项目的发起者，众筹平台都为其提供了一个较低的准入门槛，大大降低了投融资的难度和成本。根据世界银行报告预测，到 2025 年众筹总金额将突破 960 亿美元，亚洲占比将大幅增长。

众筹可分为如图 5-15 所示的四种类型，

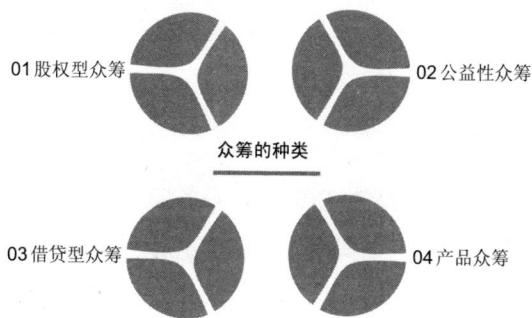

01 股权型众筹 02 公益性众筹

众筹的种类

03 借贷型众筹 04 产品众筹

● 图 5-15

1. 股权型众筹

以我国市场来说，公司分为两大类，即股份公司和有限公司，而股份公司还可进行分类，如图 5-16 所示。

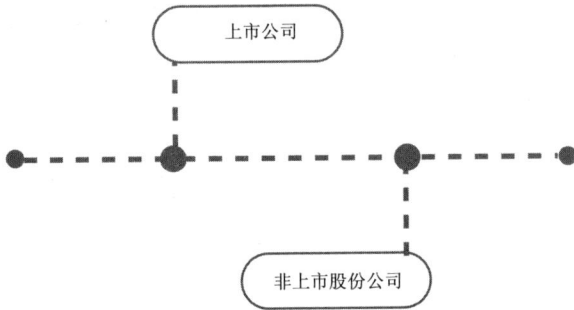

● 图 5-16

（1）上市公司

上市公司的股份登记在中国证券登记结算公司，因此它发行股份或是股份交易等行为都要受到证监局的管理规范。

（2）非上市股份公司

非上市股份公司发行的股份不需要在任何机构进行登记，完全可以靠自身发行股票和维持股东名册来确权。

股权众筹是指公司出让一定比例的股份面向普通投资者。投资者通过出资入股公司，未来获得收益。这种基于互联网渠道而进行融资的模式被称作股权众筹。另一种解释就是"股权众筹是私募股权互联网化"。

但是，股权投资一般风险较大，回报周期较长。目前国内做得比较大的平台有：大家筹、人人投、第五创等。

2. 公益性众筹

公益性众筹是一种非营利性质的众筹服务模式，通过捐助的形式为有需要的人提供一定的援助，例如帮助一些癌症患者、孤寡老人、贫穷山区学童等。国内的募捐型众筹平台主要有：京东众筹、轻松筹、施乐会等。

3. 借贷型众筹

借贷型众筹就是筹资者通过利息回报的方式来募集资金，一些 P2P 平台本质上就是借贷型众筹或者债务型众筹。

4. 产品众筹

产品众筹是指投资人将资金投给筹款人用以开发某种产品（或服务），待该产品（或服务）开始对外销售或已经具备对外销售的条件时，筹款人按照约定将开发的产品（或服务）无偿或低于成本的方式提供给投资人的一种众筹方式。

筹集人一般会承诺给投资者产品或者其他福利。现在国内的产品众筹平台主要有：淘宝众筹和京东众筹。

这里，以股权众筹为例进行讲解，股权众筹融资发展迅速，不过缺点也是十分明显，仍有诸多问题需要解决，如图 5-17 所示。

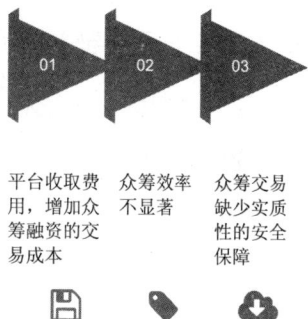

平台收取费用，增加众筹融资的交易成本　众筹效率不显著　众筹交易缺少实质性的安全保障

● 图 5-17

1. 平台收取费用，增加众筹融资的交易成本

众筹依托于平台进行融资，每个平台在融资过程中收取手续费弥补平台运营成本，但是，在众筹平台发项目所收取的手续费，在不同的平台是有不同的标准的，每个众筹平台也不都一样，也跟具体的项目信息有关系。

一般按照筹资金额的特定比例来收取，通常是成功融资总额的 3%~5% 左右，例如，天使街股权众筹平台的盈利主要来源于融资成功的项目，天使街目前只向融资成功的项目收取融资额的 5% 作为服务费用，同时，平台还会收取其他的费用，例如其他增值服务收入、流量导入和额外宣传等。

这样，从某种角度来说，这是变相地增加了众筹融资的交易成本。

2. 众筹效率不显著

众筹平台作为中心化机构，承担着担保项目真实性的职能，然而面对互联网的纷繁信息，平台审核效率低下。

3. 众筹交易缺少实质性的安全保障

面对非上市股份公司，有不少是通过工商部门或中国证券登记结算公司等第三方机构进行登记，使用当地股份托管中心来提供第三方登记服务以进行公示。

而且，当公司股权出现变更时，需要通过人工处理纸质股权凭证、期权发放和可换票据，这样一来，股东名册的维护将变得十分复杂烦琐，而且交易的跟踪及维护会随着交易越来越多而变得难以追溯。

区块链有助于解决这些股权众筹问题。

5.4.2 基于区块链技术的股权众筹模式

那么，应用区块链技术，是如何实施股权众筹的呢？可以分为以下几个步骤（见图5-18）。

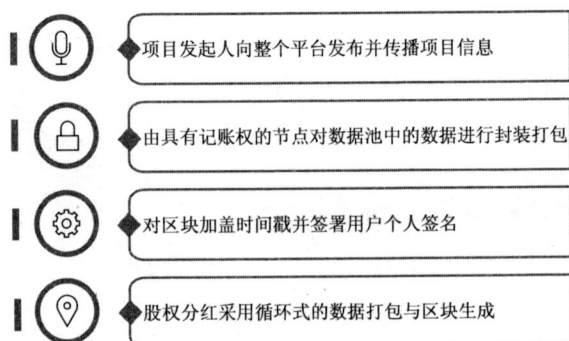

项目发起人向整个平台发布并传播项目信息

由具有记账权的节点对数据池中的数据进行封装打包

对区块加盖时间戳并签署用户个人签名

股权分红采用循环式的数据打包与区块生成

● 图 5-18

1. 项目发起人向整个平台发布并传播项目信息

最开始，项目发起人会向整个平台发布项目的相关信息，该项目可以在区块链平台中被所有用户检索并查看相关信息。

投资人查阅信息之后，若对项目产生投资意向，即可对项目进行投资，在线上投资人在区块链平台中提交自己的投资信息，在线下投资人打款至发起人向系统提供的监管账户。

随后，当发起人对资金信息确认无误后，发起人会向全平台广播该信息，接收到该信息的节点将对该信息进行验证（主要验证投资过程是否合规以及是否存在系统语言错误），这里，会采用数据池技术，将检验通过的信息存入节点的数据池，并继续向邻近节点转发该信息。

2. 由具有记账权的节点对数据池中的数据进行封装打包

有一点需要进行确认的是，在募资过程中只存在投资过程，不存在其他交易行为，这里，会添加金额阈值与时间阈值，设置金额阈值是为了避免产生过多的数据区块来增加系统的可读性难度；而设置时间阈值是为了避免数据池存在过长时间从而导致交易信息无法及时写入系统的弊端。

当数据池积累的募集资金数据达到金额阈值或者非空数据池存在时间达到时间阈值之后，将由共识机制决定记账权的归属，由具有记账权的节点对数据池中的数据进行封装打包。

基于不同的共识机制有不同的归属方式，一般采用两种方式进行记账，如图 5-19 所示。

采用 PoS 共识机制进行记账权确定，在用户节点增至足够多了之后，会采用 DPoS 共识机制来进行记账权确定，因为 PoS 共识机制赋予全网的最高权益用户记账权而不是全网最高算力的用户。

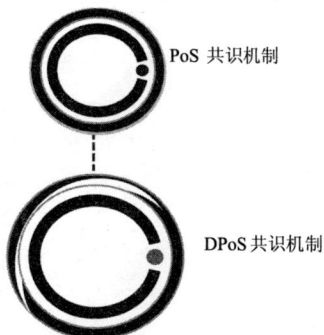

● 图 5-19

而越来越多的用户将具有更高的权益。由权益最高用户行使记账权具有一定的可靠性。

而 DPoS 共识机制的应用，则是当进入项目的用户足够多了之后。

DPoS 共识机制类似于民主投票，系统中的所有节点将自身的股份权益作为选票进行投票，获得票数最多且有意愿的节点将进入"董事会"，按照一个既定的时间表依次行使记账权，并对生成的新区块进行签署。

这里需要特别注意的是，在每一个成员行使记账权时，必须验证前一个区块已被签署。被票选出来的节点必须对整个系统中的其他用户负责，如果某个授权节点错过了其本该签署的区块，则系统内的其他用户将收回自己的选票，也会剥夺该用户的记账权。

在进行记账时，将由区块链系统对系统内所有用户的投资额进行汇总，更新每个用户的股权份额。该过程可以由内置的智能合约来完成，但是，由于项目的不同，股权分配的原则也不尽相同。

当决定生成区块时，数据池中的所有募资记录将会被打包封装进一个新的区块，而对于区块的加密保护，可以采用区块链中的哈希函数、非对称加密技术（本书第 3 章中介绍过）进行加密保护。

3. 对区块加盖时间戳并签署用户个人签名

对数据封装完成之后，对区块加盖时间戳并签署用户个人签名，链接到上一区块。通过访问一个区块，就可以获得上一区块的地址，这样，通过层层递推的关系，能够可以获得所有的交易数据，这样的过程有两个优点，如图 5-20 所示。

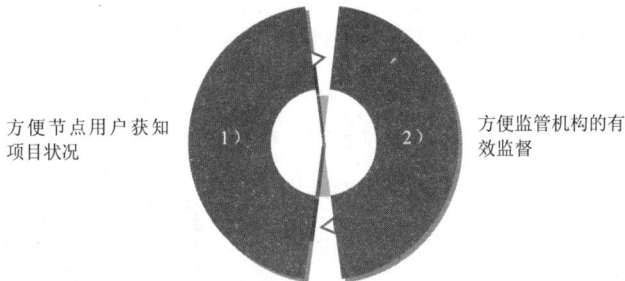

方便节点用户获知项目状况　　　　1)　　　　2)　　　　方便监管机构的有效监督

• 图 5-20

这时，要对区块链进行篡改，是一个很麻烦的过程，即需要对所有区块的数据进行篡改，而每个区块是由不同的节点进行签署的，这就意味着篡改数据需要知道所有具有记账权节点的密钥，进而进行修改。

在生成了一个新的区块后，系统将进行两次判断，第一次判断是判断当前募资金额是否已达项目启动条件；第二次判断是判断当前募资金额是否达到募资期限，这里，就要分为四种情况。

第一种情况：若金额已足够且已达募资期限，则发起人可以使用监管账户来实践自己的项目，发起人将向全平台发布公告终止募资；

第二种情况：若金额已足够且未达募资期限，则发起人向全平台公告募资已达标，终止募资，并可以使用监管账户来实践项目；

第三种情况：若金额不够且已达募资期限，系统宣告该项目募资失败，投资金额从监管账户原路返回至投资人账户；

第四种情况：若金额不够且未达募资期限，则发起人无法使用监管账户内的资金，平台将继续推送该项目的信息给平台内的其他投资人。

综上所述，这个过程就是基于区块链技术的股权众筹项目运作步骤。

4. 股权分红采用循环式的数据打包与区块生成流程

考虑了基于区块链技术的股权众筹项目运作流程之后，就需要考虑项目赢利分红的问题，这需要按照图 5-21 中的步骤实施。

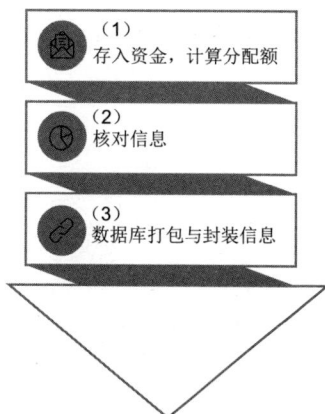

● 图 5-21

（1）存入资金，计算分配额

首先由发起人将盈利资金存入监管账户并注明盈利资金，接着向平台提交相关数据，由智能合约计算分配额，并依照合约计算结果由监管账户向投资人账户汇款。

（2）核对信息

接着，收到分红的投资人向全平台广播分红信息。接收到该信息的节点主要检查信息的语法是否有错误、是否合规的问题，如果发生语法错误或者不合规的问题，则需要修改信息。

（3）数据库打包与封装信息

当信息无误后，信息将会被存入数据池中。当数据池积累的分红资金达到金额阈值或者非空数据池存在时间达到时间阈值之后，将会对信息进行打包并进行封装。

同样，可采用 PoS 共识机制或者 DPoS 共识机制来决定记账权归属，产生授权节点并对数据池中的盈利金额、红利分配结果、盈利来源等信息进行封装打包生成新的区块，并链接于上一区块，加盖时间戳并由授权节点进行签署。

综上所述，这个过程就是基于区块链技术的股权众筹的盈利分红步骤。

5.4.3　基于区块链技术的股权众筹优势

所以，从基于区块链的股权众筹的流程中能够看出，使用区块链技术有助于解决股东名册的维护、交易的跟踪及维护等问题，还可以随时记录公司股权及其变更历史，主要在以下方面起到作用，如图 5-22 所示。

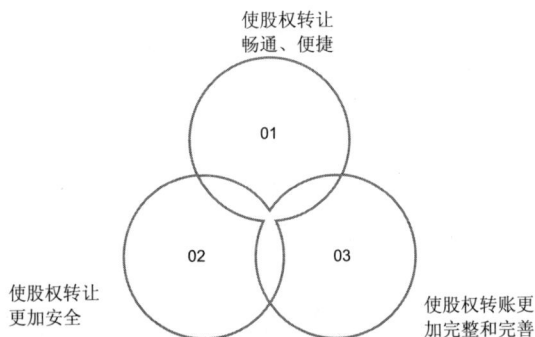

• 图 5-22

1. 使股权转让畅通、便捷

对于股权众筹而言，股权畅通是业务的重要一环，能够激发用户的活跃度，促使更多的登记发生。

区块链技术可以降低交易的信用风险，它在本质上把提供公信力的第三方彻底去中心化了，即不再局限于特定的第三方主体，而是靠参与者全体来共同维护一套登记系统。

而从所实现的功能上来看，区块链一方面将记录的权利交给了公司自己，体现了自治的精神；另一方面也能确保信息记录的公开、透明及真实性，使权利争议最小化。

股权的所有权登记在区块链中，股权交易必须要所有者的私钥签名才能验证通过；交易确认后，股权的变更也会记录在区块链中，从而保障交易双方的利益。

2. 使股权转让更加安全

作为投资者，最担忧的问题就是资金安全的问题，传统的股权众筹，往往有可能会出现"双花"问题（注：双花即双重花费，即将仅有的一份股份重复转让给两个人），直到电子数据化后，中央清算机构保证了整个系统能够交易后账目轧平，其中的风险往往就是由平台承担了，而股权众筹业务与传统场内交易不一样，是由很多各自独立经营的公司分别进行的，因此这些交易活动分散于各家平台。

而使用区块链这一技术后，由区块链构建的去中心化信任，不以人的意志为转移，在彼此不需要相互信任的前提下，也能保障系统和业务正常运行。

每个人都成为区块链中的一个节点，拥有各自的公钥和私钥，共同参与迅速交易验证和记账。再者，在股权众筹发起初期，由发起人、众筹平台、领投人、保荐人等众多方共同签署一份众筹合约，来约定各自的责任与义务。

这份合约可以变成智能合约的形式存入区块链中，由区块链确保合约履行中不得被篡改。这样一来，会使股权转让更加安全。

3. 使股权转账更加完整和完善

通过对基于区块链股权众筹步骤的解析，可对区块链股权众筹步骤进行提炼和总结，以此凸显出这种股权转让步骤的完整和完善，如图 5-23 所示。

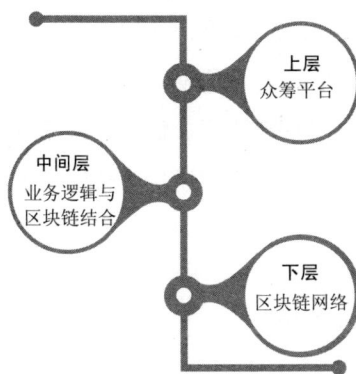

• 图 5-23

（1）区块链网络

底层为区块链网络，由它构建起一个去中心化信任的分布式总账。

（2）业务逻辑与区块链结合

中间层为业务逻辑与区块链结合，共同建立账户中心，提高股权登记、股权凭证、股权交易、股权管理等功能。

（3）众筹平台

上层为客户提供业务的众筹平台，而平台的业务理论上是可以无限延伸至各个领域和各种行业。

而使用区块链技术，通过构建P2P自组织网络、时间有序不可篡改的密码学账本、分布式共识机制，实现了去中心化信任。

5.5 互联网征信新模式

关键词：征信、互联网征信、存在问题

主要内容：互联网征信中存在缺乏隐私保护、信息标准和共享机制不协调等问题

原有的征信发展模式，已经不能够满足社会各领域的需求和应用，而以大数据、云计算、人工智能为代表的互联网征信应运而生，互联网征信体系建设对互联网金融的持续发展至关重要。

近年来，我国互联网征信体系取得了日新月异的发展，互联网征信服务和监管得到进一步改善。然而，互联网征信仍处于初级阶段，存在信用信息采集不准确、信息安全隐私保护不足、信息不共享等诸多问题，区块链技术与大数据的结合以其独特的运行方式跳出了传统模式，为这些问题找到了解决路径。

5.5.1 征信的起源与发展

"征信"一词源于《左传·昭公八年》中的"君子之言，信而有征，故怨远于其身"。其中，"信而有征"即为可验证其言为信实，或征求、验证信用，意思是说一个人说话是否算数，是可以得到验证的。

随着现代征信系统的发展，从事经济活动的个人除居民身份证外有了又一个"经济身份证"，也就是个人信用报告。

若是将征信的概念进行扩充和丰富，其包含了以下的两方面内容。

1. 评估信息，管理信用

即依法收集、整理、保存、加工自然人、法人及其他组织的信用信息，并对外提供信用报告、信用评估、信用信息咨询等服务，帮助客户判断、控制信用风险，进行信用管理的活动。

2. 信用档案，信用共享平台

也是专业化的、独立的第三方机构为个人或企业建立信用档案，依法采集、客观记录其信用信息，并依法对外提供信用信息服务的一种活动，它为专业化的授信机构提供了信用信息共享的平台。

对于现代经济来说，征信活动的产生源于信用交易的产生和发展，而信用是以偿还为条件的价值运动的特殊形式，包括货币借贷和商品赊销等形式，如银行信用、商业信用等，现代经济与信用分不开，具有本质的联系，如图 5-24 所示。

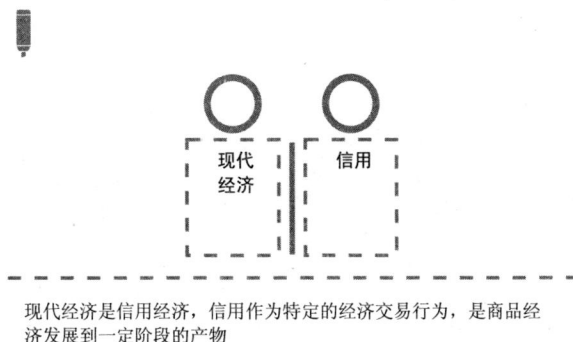

现代经济是信用经济，信用作为特定的经济交易行为，是商品经济发展到一定阶段的产物

● 图 5-24

在现代经济社会，信用本质上是一种债权债务关系，即授信者（债权人）相信受信者（债务人）具有偿还能力，而同意受信者所做的未来偿还的承诺。

但当商品经济高度发达，信用交易的范围日益广泛时，特别是当信用交易扩散至全国、全球时，信用交易的一方想要了解对方的资信状况就会极为困难。

此时，了解市场交易主体的资信就成为一种需求，征信活动也应运而生。可见，征信实际上是随着商品经济的产生和发展而产生、发展的，是为信用活动提供的信用信息服务。

5.5.2　互联网征信的模式与特点

互联网征信是互联网金融的重要组成部分，依托互联网平台，运用云计算、大数据等互联网技术，由专业化的、独立的第三方机构为个人或企业依法收集、整理、保存、加工自然人、法人及其他组织的信用信息，提供相应的信用报告、信用评估、信用信息咨询等服务，帮助授信方判断、控制信用风险，进行信用管理的活动。

同时，互联网征信也是为进行互联网金融客户信用风险评估而对客户在互联网上相关交易信息进行登记、评估，并对这些信息进行使用的过程，互联网征信的模式如图 5-25 所示。

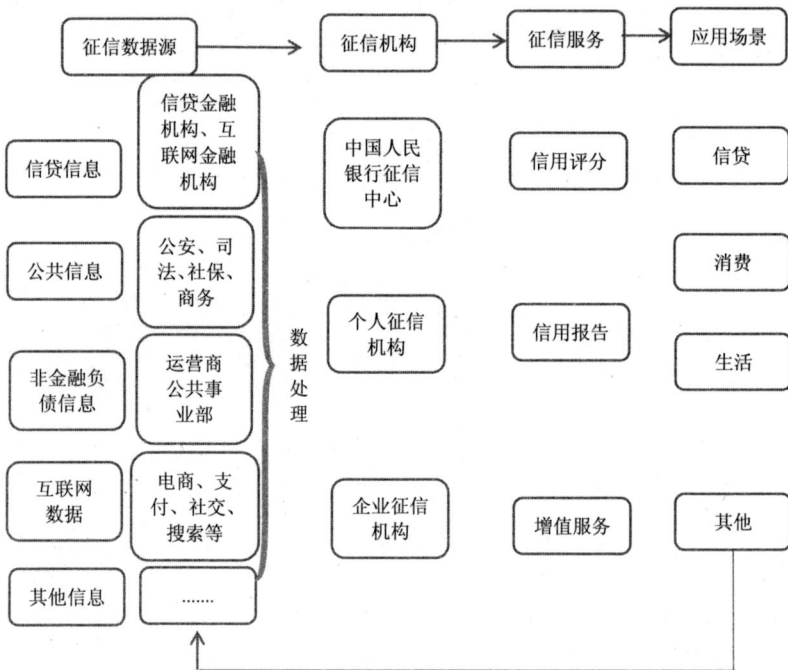

● 图 5-25

根据图 5-25 所示，互联网征信主要包括征信数据源、征信机构、征信服务、应用场景四个环节。

而互联网环境下的征信数据源主要包括信贷信息、公共信息、非金融负债信息、互联网数据等，进一步细化还可分为信贷数据、证券数据、保险数据、公共事业数据、电子商务数据、消费交易数据、社交网络数据、网络搜索数据等，全面覆盖与授信对象相关的各项要素。

征信机构包括中国人民银行征信中心以及其他的个人征信机构、企业征信机构，已从在政府部门、金融机构等实体机构中采集信息，转向从互联网世界中获取数据。

征信机构基于采集的数据，对外提供信用评分、信用报告、增值服务等服务。

但是，互联网征信中还是存在需要解决的问题，如图 5-26 所示。

征信信息隐私保护与数据安全面临风险

信用信息采集维度单一

央行征信系统与互联网系统数据平台无对接、数据不共享

● 图 5-26

1. 征信信息隐私保护与数据安全面临风险

互联网征信多为"线上征信"，面临着很多的信息安全风险，主要体现在两方面：一方面，互联网征信基本是在线完成信用信息采集评估，提供信用服务的，在这期间，可能会遇到黑客、病毒及其他网络因素导致数据失真、数据被篡改，数据安全得不到保障。

另一方面，很多互联网企业负责互联网征信业务中的人员流动大，也存在数据泄露等风险。

2. 信用信息采集维度单一

在互联网金融的背景下，征信机构对个人信息的采集一般通过大数据、互联网交易平台等渠道进行，渠道虽然广泛，但可能出现资料不够完整的现象。

而现有的信用报告提供的信息维度相对单一，只有个人基本情况和贷款、信用卡、授信担保、社保等记录。而个人收入、家庭收入、纳税情况，甚至缴纳房租、话费等其他能反映客户还款能力与信用度的情况并未纳入到信用报告中去，导致信用信息采集维度单一。

3. 央行征信系统与互联网系统数据平台无对接、数据不共享

很多时候，央行与金融机构、公共事业单位与企业的信用信息共享问题是制约征信行业全面发展的瓶颈，对互联网征信行业发展也有重大影响。

为了应对这一问题，有些互联网企业会选择建立自己的客户信用数据库，一方面是由于央行征信数据库覆盖率不够，另一方面就是社会信用信息不共享。

基于以上三点，如何让大数据在信用数据透明化公开化的互联网征信背景下，更好地平衡信息共享和隐私保护，是需要解决的问题。

而通过区块链与大数据的结合，激活了大数据的海量、多样、时效等固有优点，弥补了其数据失真，准确性不足的缺陷，区块链与大数据的结合，为互联网征信的快速发展提供了新的思路。

5.6 基于区块链与大数据的互联网征信

关键词： 互联网征信、区块链、大数据

主要内容： 面对互联网征信中存在的诸如缺乏隐私保护、信息标准和共享机制不协调等问题，区块链技术将有助于解决这些问题

在本书第 2 章第 5 节中介绍过区块链的分布式结构，在互联网征信中就可以应用此项技术，数据只能增加不能删除，排列遵循严格的时间先后顺序。

5.6.1 区块链征信的数据管理

基于区块链的征信数据访问是一种去中心化的网络共享访问方式，在区块链征信数据管理中，征信数据被记录在区块链上，能够解决数据共享存储、数据不真实、数据安全等问题。

这里，分为三方面进行介绍，如图 5-27 所示。

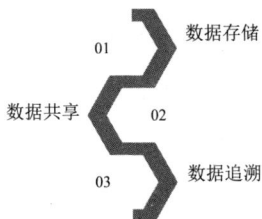

● 图 5-27

1. 数据存储

区块链依靠程序算法自动记录海量的信息，并存储在区块链网络中的每台计算机上，信息透明、篡改难度高、使用成本低。

在区块链征信系统中有两类数据存储方式，第一类是基本征信数据，即基本征信数据的索引数据在区块链中存储，源数据在各个参与主体的数据库中存储。第二类是黑名单类数据，即黑名单类数据通过区块链广播至整个网络进行存储。

征信数据的存储流程如图 5-28 所示。

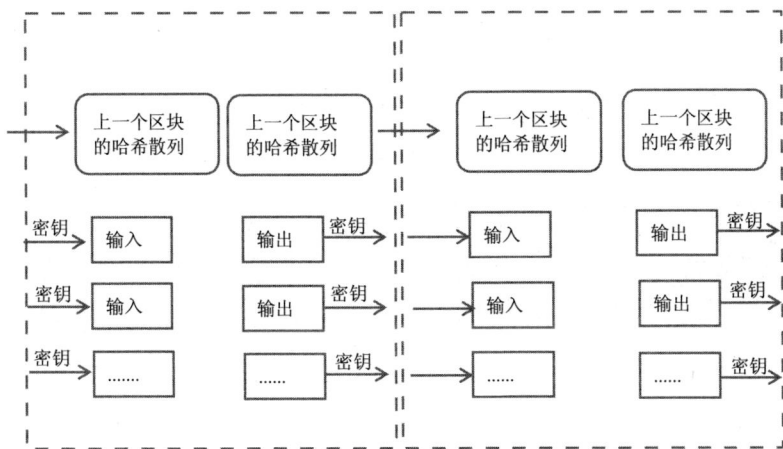

● 图 5-28

如图 5-28 所示，区块链技术让数据库中的所有数据均存储于系统所有的计算机节点中，并实时更新，系统内的数据存储、交易验证、信息传输过程全部都是去中心化的。

完全去中心化的结构设置使数据能实时记录，并在每个参与数据存储的网络节点中即时更新，这就极大地提高了数据库的安全性。

2. 数据共享

基于区块链的征信数据共享是一种去中心化的机构联盟方式，各个机构通过透明、可控的模式实现机构间的数据流动。各个机构向区块链征信网络密文公布共享数据的索引。

密文为单向散列算法，只根据密文无法推导出原文。整个区块链征信网络中征信数据的索引在区块链中存储，征信机构获得征信请求后向区块链上的各个数据源进行查询请求，才能获得详细征信的数据。

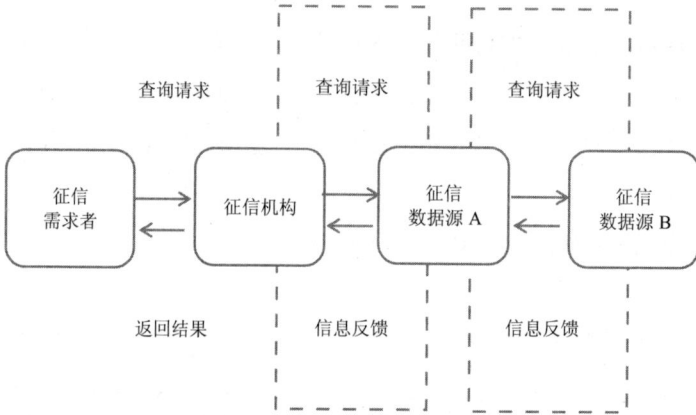

• 图 5-29

图 5-29 表示的就是基于区块链征信数据的检索过程，可以看出征信机构与数据源提供者之间通过数据接口对接，并不接触平台数据，所有的请求是以匿名代码的形式发送，因此在不共享原始数据的情况下，做到多方数据共享，同时还可以做到数据真实有效，且不能被人为篡改。

在这种服务模式下，参与者不是被动地提供数据，而是主动参与共享，信息不对所有客户开放，对查询大于共享数据的用户收取查询费用，也就是说若是 C 想要查询 D 共享的数据，那么 D 可能分享部分收益。

3. 数据追溯

数据之所以被记录，是因为在区块链征信模式中，行动主体和他们的行为都是被记录在区块链上的。一个数据节点包含了两部分内容，如图 5-30 所示。

• 图 5-30

区块头包含了每个区块自身的身份识别信息，而区块体包含了上一个区块到本次区块记录信息之间的时间段内发生的所有交易信息。当各个区块的交易信息串起来就形成了完整的交易明细清单，每笔交易的来龙去脉非常清晰、透明。

基于此，任何交易双方之间的交易都是可以被追溯和查询的，所有的交易都是需要一组公钥／私钥来加密解密处理和交易的，加到区块链上，就永久性地不可改变了。

在这期间，一旦有人对某个匿块的"值"产生疑问时，便可查看历史交易记录，从而判别该值是否是正确的，识别出该值是否已被篡改或记录有误。

这种数据追溯，其本质是由于征信索引数据、黑名单数据被存储在区块链之后，是不能被篡改的，新的数据需要通过增加新的区块的方式进行更新，这些数据区块串联在一起就形成了征信数据的追溯结构。

5.6.2　区块链征信的网络

利用区块对数据的存储与管理功能，可架构区块链征信网络，如图 5-31 所示。

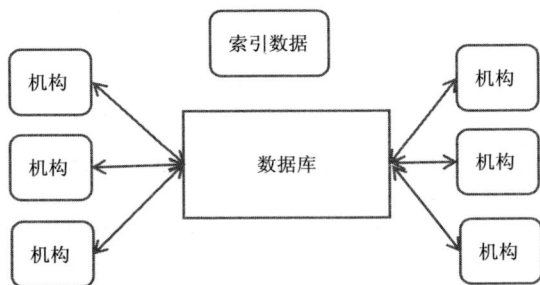

• 图 5-31

网络环境下，征信机构、政府机关、互联网企业等都可以通过区块链技术实现彼此互联的状态，就可以形成图 5-31 中的区块链征信网络。

图 5-31 区块链征信网络中的数据库，有人负责提供数据的管理与数据的存储服务，同时，在整个区块链网络中还存在少数的索引数据和黑名单数据。

而区块链征信平台是区块链征信网络中的若干个节点，如图 5-32 所示。

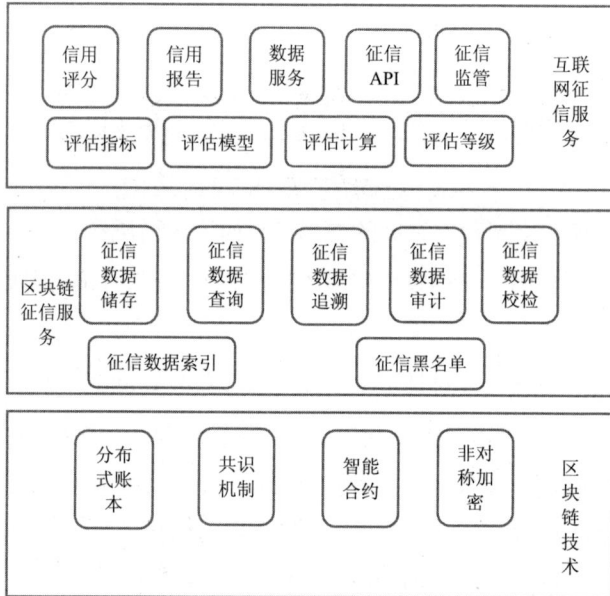

● 图 5-32

区块链基础层是对传统互联网征信平台的扩展，加入了分布式账本、共识机制、智能合约、非对称加密等技术，建立了一个泛中心化模式的分布式征信数据共享账本，有利于对原有征信数据使用传统数据存储技术进行存储管理，通过使用区块链技术实现索引数据、黑名单数据的共享。

而区块链征信服务层包括征信数据存储、征信数据查询、征信数据追溯、征信数据审计、征信数据校验等，在区块链技术层的支持下，有利于实现征信数据索引、征信黑名单数据的共享，以及数据的访问控制等功能。

最后的互联网征信服务层包括了征信分析模块，即评估指标、评估模型、评估计算以及评估等模块；也包括了对外服务的接口，即信用评分、信用报告、数据服务、征信 API、征信监管等模块。

第6章

基于区块链架构的
商业应用前景

在互联网的世界里，在大数据的时代下，商业模式是价值载体，创新是根本，而区块链技术吸引了各行各业的高度关注，正如笔者在本书第 4 章末尾所说："区块链商业应用为商业模式的创新提供了巨大想象空间，结合大数据时代，区块链在供应链、物联网、智能经济等领域将发挥数据管理、数据存储、隐私防护等重要作用。"

本章介绍区块链在数字资产、物联网、共享经济、人工智能、供应链领域中的应用。

本章导读：

➤ 热点技术：数字资产管理

➤ 虚拟变现实之物联网

➤ 区块链助力共享经济，新经济的 DNA

➤ 理性的繁荣：全球智能经济

➤ 区块链领域应用之医疗

➤ 立体供应链结构

6.1 热点技术：数字资产管理

关键词：数字资产、区块链、数字经济

主要内容：实物资产和权益资产的管理存在交易慢、有交易费用等缺点，而区块链技术可以应用到数字资产管理中

对于资产的管理，最为前卫的词语，要属"数字资产管理"了，数字资产也越来越被人们熟知和应用，应用区块链中的去中心化、共识机制与分布式账本等技术，有助于让资产管理变得更加安全和有效。

6.1.1 实物资产、权益资产以及数字资产

资产指任何公司、机构和个人拥有的任何具有商业或交换价值的东西。资产的分类很多，如流动资产、固定资产、有形资产、无形资产、不动产等。

在了解区块链在资产管理中的应用之前，先来区分图 6-1 中的三个概念。

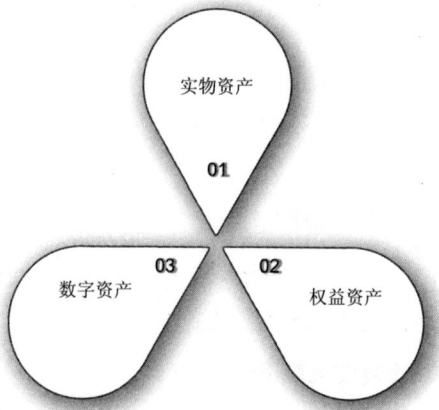

● 图 6-1

1. 实物资产

实物资产（real assets）是指经济生活中所创造的用于生产物品和提供服务的资产。是创造财富和收入的资产，为经济创造净利润。它包括土地、建筑物、知识、用于生产产品的机械设备和运用这些资源必需的技术工人。

2. 权益资产

权益资产（equity assets）是对证券发行公司在偿付债务后的收益进行分配的收益索取权和对公司经营决策的投票权，通常以股票的形式表示，其索取权被称为剩余索取权。

3. 数字资产

数字资产（digital assets）是指企业拥有或控制的，以电子数据的形式存在的，在日常活动中持有以备出售或处在生产过程中的非货币性资产。

数字空间的无限扩展性、无限复制性、多维塑造性，可能意味着在这里面蕴藏海量待开发的财富，这些新财富的表现形式就是数字资产。除数字货币、数字股票、数字债券外，数字资产的形式还有很多，包括所有数字化了的资产，比如专利、版权、创意、信用等知识文化资产。

数字资产的出现，有利于解决交易麻烦这一问题，使交易省时间、省成本，而这主要是引起数字资产的特点，如图 6-2 所示。

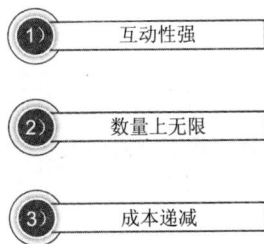

1) 互动性强

2) 数量上无限

3) 成本递减

● 图 6-2

（1）互动性强

即使是最简单的应用软件也有一定的交互功能，比如说对操作人员的错误的提示，这是 IT 行业产品最基本的优越性体现。

（2）数量上无限

数字资产作为资产是稀缺的（因为并不是所有的企业或个人都能创造出数字资产），但它的供应可以是无限的。而有形资产由于企业的财产和存储空间的限制，总是有限的。

（3）成本递减

有形资产的生产成本与生产数量成正比例关系递增。数字资产的成本主要是在前期的研究开发阶段以及在销售过程中发生的销售费用和其他经营费用，由于数字产品产量的无限性，其开发成本按传统财务会计的方法被分摊到产量上，因此数字产品的成本随着销售量的不断扩大，其成本是越来越低的。

6.1.2 数字资产的属性与资产数字化的原因

这里先要定义数字资产的属性，还要明白将资产数字化的原因。

1. 数字资产的属性

数字资产是一段计算机程序，可以对它进行编程，资产之间的交换是代码与代码的交换，可以在区块链上，通过编写智能合约程序，完全去中介化的自主、自治地进行点对点交易，不需要人工干预。

数字资产是登记在区块链账本或分布式账本上的资产，确权还在讨论中，那些登记在工商局的股权、登记在房产局的房产一定不是数字资产。

随着数字技术应用的不断扩展，特别是区块链技术的应用升级，传统资产数字化程度不断提高，数字资产的内涵和外延正在迅速扩展，金融、知识文化等领域可率先实现高度资产数字化。

数字货币等数字资产跨越了资产证券化的阶段，直接达到了资产货币化的阶段。

2. 资产数字化的原因

那么，为什么要进行资产数字化？

这要从三个不同的视角进行解答，如图 6-3 所示。

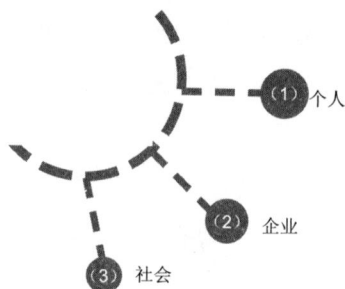

• 图 6-3

（1）个人

对于个人来说，进行数字资产的配置，主要是想获得超出预期的回报，那么，实物资产和权益资产配置的弊端，使个人越来越重视数字资产管理。

（2）企业

对于企业来说，进行资产数字化是降低成本和提高效率的最优解决方案。将隐私文件用技术手段进行加密和保存，而且数字化的资产也便于企业进行管理，当大资管时代来临，资产管理需要面对的资产类成千上万，涉及大量的计算，仅靠人工将无法完成。

（3）社会

对于社会而言，资产数字化是大趋所势。

"BAT"帝国在互联网的数字经济中一飞冲天，近年的滴滴、美团、P2P借贷，都离不开两个关键词——资产流通、共享经济。而资产流通最便捷的办法，毫无疑问就是将资产数字化，而共享经济的本质，就是将实体资产通过智能数字化的方式更加便利地进行资源共享，通过技术手段来减少资源浪费和降低成本。

6.1.3　区块链数字资产时代

而在资金安全方面，区块链能够通过对钱包多层加密，离线存储于银行保险柜，并且资金由第三方托管，平台不触及用户资金，以全方位确保用户资金安全。

在区块链时代，经济革命最根本的意义是人类资产被数字化了，而人类正在从实物资产、权益资产时代向数字资产时代过渡，区块链技术为未来财富增长和财富管理提供了一条全新的路径。

在互联网上产生的数据无法作为资产，是因为传统技术无法为它确权或者确权的成本过高，而区块链技术可以实现数字资产确权。

6.2　虚拟变现实之物联网

关键词： 互联网、物联网、区块链

主要内容： 物联网的应用领域很广泛，但存在成本、安全、隐私等问题，而区块链技术有效地解决了这些问题

区块链技术不仅将深刻地影响资产管理领域，在物联网领域也将起到革命性的作用。

6.2.1 互联网的延伸——物联网

早在 1999 年，美国麻省理工学院的教授就提出物联网的概念，2003 年，美国《技术评论》提到物联网将是改变人类生活的首要技术。

而 2005 年的信息社会世界峰会上，国际电信联盟发布了《ITU 互联网报告 2005：物联网》，正式提出了"物联网"的概念，并且描绘了物联网广阔的市场潜力，在社会发展、人类日常生活方面会有巨大影响。

物联网（Internet of things，IoT），顾名思义，就是物物相连的互联网，这句话有两层意思：其一，物联网的核心和基础仍然是互联网，是在互联网基础上延伸和扩展的网络；其二，其用户端延伸和扩展到了任何物品与物品之间，进行信息交换和通信，也就是物物相息。

可以说，物联网是互联网的应用拓展，与其说物联网是网络，不如说物联网是业务和应用。

物联网的应用很广泛，通过智能感知、识别技术与普适计算等通信感知技术，广泛应用于网络的融合中，也因此被称为继计算机、互联网之后世界信息产业发展的第三次浪潮。

在如今这个信息时代，物联网无处不在。物联网具有实时性和交互性的特点，因此，物联网主要有如图 6-4 所示的几个应用领域：

● 图 6-4

以数字家庭为例，如果简单地将家庭里的消费电子产品连接起来，那么，只是一个多功能遥控器控制所有终端，仅仅实现了电视与电脑、手机的连接，这并不是发展数字家庭产业的初衷。

物联网的介入，能够将家庭设备与外部的服务连接起来，真正实现服务与设备互动，比如在办公室指挥家庭电器的操作运行，在下班回家的途中，家里的饭菜已经煮熟，洗澡的热水已经烧好，个性化电视节目将会准点播放，家庭设施能够自动报修，冰箱里的食物能够自动补货，等等。

所以，借助物联网，可以将城市管理、数字家庭、定位导航、现代物流管理、食品安全控制以及数字医疗等领域的信息进行大数据的整合，从而为生活、生产、服务扩展新的空间。

6.2.2 物联网的局限与不足

物联网在得到了广泛应用的同时，也随之出现了很多问题，如图 6-5 所示。

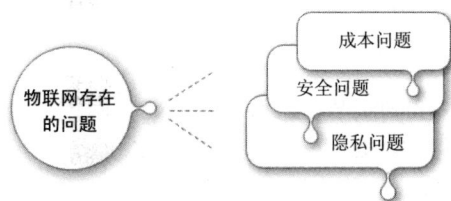

• 图 6-5

1. 成本问题

对于物联网产生的海量数据，中心化数据中心基础设施投入和维护的成本将会非常巨大，而且很可能还难以应付物联网数据的指数做增长。

同时，大量的数据需要实时通过网络传递到数据中心并接受交互指令，无论是信息传送、处理，还是存储，都会面临持续增长的巨大压力。

2. 安全问题

在互联网时代，著名的蠕虫病毒曾经在一天内感染了 25 万台计算机。而物联网领域的安全性更加重要，物联网领域的安全性问题主要体现在图 6-6 中的两方面。

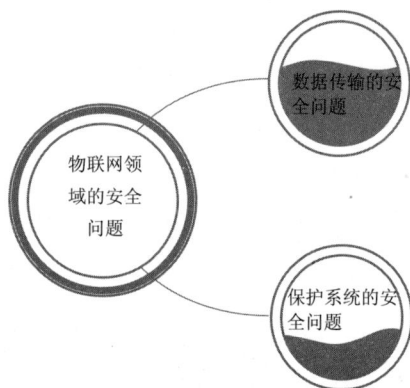

• 图 6-6

（1）数据传输的安全问题

目前的物联网架构基本都是封闭式的，虽然一个物联网系统的设备之间可以形成互联，并且也利用了互联网传输数据，但架构并不是开放式的，不同的物联网系统之间很难实现有价值的互联互通。

这里面一个很重要的原因，就是一个物联网的数据害怕被非法篡改或者因交互导致数据丢失。

而排查数据丢失的问题节点，对于物联网来说也是很大的挑战。以前对于中心化的数据库来说，由于一个网络里的节点较少，因此中心能够很容易找出一个出问题的节点；而如今对于一个节点数以亿计的网络而言，这是一个难以完成的事情。

（2）保护系统的安全问题

在物联网领域，目前的中心化服务构架下，所有的监测数据和控制信号都由中央服务器存储和转发。

这些中央服务器收集所有的摄像头传输过来的视频信号、麦克风录制的通话语音甚至用户的精细数据，这些信息都汇总到中央服务器，并且通过中央服务器转发的信号还可以控制家庭中门窗、电灯和空调等设备的开关，直接影响着用户的日常生活。

如果不法分子通过攻击物联网家用设备这些薄弱环节来侵入家用网络，进而侵入计算机来盗取个人数据，将会造成严重的后果。

3. 隐私问题

有些人认为，物联网的发展，将会带来一些涉及隐私的问题，例如，信息采集的合法性问题、公民隐私权问题等，比如，当你在智能身份证或者智能手机卡上存入你的一切信息，在全世界任何一个读卡器上都能随便读取你的信息。

而隐私泄露的隐患，还可能存在于图 6-7 中的两个方面。

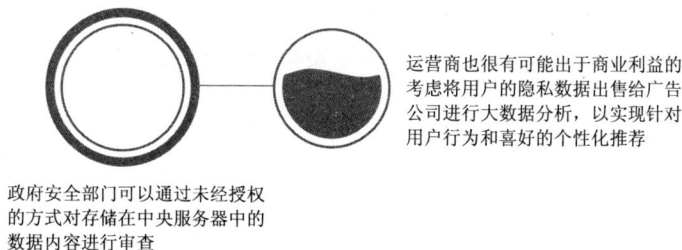

运营商也很有可能出于商业利益的考虑将用户的隐私数据出售给广告公司进行大数据分析，以实现针对用户行为和喜好的个性化推荐

政府安全部门可以通过未经授权的方式对存储在中央服务器中的数据内容进行审查

• 图 6-7

而这些行为其实已经危害到物联网设备使用者的基本权利，可见，如何保护用户的隐私也是物联网应用中很大的挑战。

综上所述，使用物联网技术的时候，该如何有效应对海量的并且可能是非标准的数据，如何能够在物联网数据里保障数据安全和个人隐私、公司机密，这些都是物联网发展过程中必须面对和解决的问题。

6.2.3　区块链技术中的物联网

了解区块链技术中的去中心化、共识机制以及分布式结构，有助于解决物联网存在的问题。

1. 区块链有效解决成本问题

笔者在上文阐述了物联网的运营，物联网记录和存储的信息都会汇总到中央服务器，而目前数以亿计的节点将产生大量的数据，且未来这些信息将越来越多，这将导致中心不堪重负，难以进行计算和有效存储，运营成本极高。

另外，智能设备的消费频次太低，一般来讲，物联网设备如门锁、LED灯泡、智能插板等可能要数年才换一次，这对设备制造商来说是个难题，大量物联网设备的管理和维护将会给运营商和服务商带来巨大的成本压力。

区块链技术可以为物联网提供点对点直接互联的方式来传输数据，而不通过中央处理器，这样分布式的计算就可以处理数以亿计的往来了，更多的小物联网可以通过区块链网络组成更广泛的、多维的物联网，降低了数据运输、数据存储等的成本。

除此之外，还可以充分利用分布在不同位置的，数以亿计的闲置设备的计算力、存储容量和带宽，用于处理交易，也可大幅度降低计算和存储的成本。

2. 区块链有效解决安全性和隐私性问题

物联网安全性的核心缺陷，是缺乏设备与设备之间相互的信任机制，所有的设备都需要和物联网中心的数据进行核对，一旦数据库崩塌，会对整个物联网造成很大的破坏。

区块链为物联网提供了点对点直接相互联系的数据传输方式，让整个物联网不需要引入大型数据中心进行数据的同步和管理，而是由区块连网络自行完成分布式物联网的管理，将所有数据保存在区块链中。

应用区块链特有的数据加密保护和验证机制对数据进行保护，保证了数据的不可篡改，最终保障了物联网可信的数据来源、高效的数据传输、安全的数据存储。

同时，区块链分布式的网络结构提供一种机制，使设备之间保持共识，无须与中心进行验证，这样即使一个或多个节点被攻破，网络体系整体的数据依然是可靠、安全的。

6.2.4　区块链技术中的物联网案例

现如今，很多成熟的技术公司和初创公司一直在探索利用这些应用，他们投资以及大量地研究各种可能利用这些技术的解决方案。

这里，介绍四个案例，如图 6-8 所示。

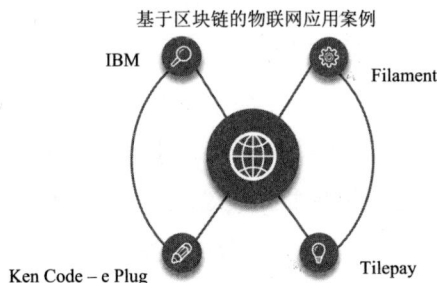

基于区块链的物联网应用案例

IBM　Filament　Ken Code – e Plug　Tilepay

●图 6-8

1. IBM

IBM（国际商业机器公司）或万国商业机器公司，简称 IBM，是最早宣布他们的区块链开发计划的公司之一，并且在多个不同层面已经建立了多个合作伙伴关系，并展现了他们对区块链技术的钟爱。

IBM 曾发表过一份报告，指出区块链可以成为物联网的最佳的解决方案。在 2015 年 1 月，IBM 宣布了一个项目——ADEPT 项目，即去中心化的 P2P 的自动遥测系统研究项目。

ADEPT 平台主要由以太坊、Telehash、BitTorrent 组成，Telehash 使用了共享分布式的私人信息传递协议，终端可以是设备、浏览器或者移动应用，BitTorrent 应用了共享技术，用来进行文件共享和数据移动，保证了 ADEPT 的分散化。

2. Filament

Filament 是一家物联网初创公司，该公司提出了他们的传感器设备，它允许以秒为单位快速地部署一个安全的、全范围的无线网络，设备不仅仅能够直接与其他的 10 英里内的 TAP 设备通信，还可以直接通过手机、平板电脑或者 PC 端来连接。

为了确保交易的可信度，该公司还利用区块链为基础的技术堆栈操作，可以使 Filament 设备独立处理付款、允许智能合约。

3. Ken Code-e Plug

ePlug 是 Ken Code 的一款产品，根据 Ken Code 的白皮书，ePlug 是一个小型电路板，位于里面的 "ePlug 认证" 的电源插座和灯的开关。

若要保证安全性与可靠性，该产品提供了可选的 Meshnet、分布式计算、端到端的数据加密、无线连接、定时器、USB 接口、温度传感器、触觉传感器、光线和运动传感器以及为了提供提醒的 LED 灯。

ePlug 以基于区块链的登录方式来确保安全，输入正确的网络地址或 URL 时，ePlug 所有者会看到一个登录界面，最初，区块链平台像 OneName.io and KeyBase.io 将会被用作登录到 ePlug 的身份验证。

4. Tilepay

Tilepay 为现有的物联网行业提供一种人到机器或者机器到机器的支付解决方案。

现在又开发了一个微支付平台，Tilepay 是一个去中心化的支付系统，它基于区块链技术，且能被下载并安装到个人电脑、平板电脑或者手机上，所有物联网设计都会有一个独一无二的令牌，并用来通过区块链技术接收支付。

Tilepay 还将建立一个物联网数据交易市场，使用户可以购买物联网中各种设备和传感器上的数据，并以 P2P 的方式保证数据和支付的安全传输。

6.3　区块链助力共享经济, 新经济的 DNA

关键词: 共享经济、智能合约、区块链

主要内容: 区块链技术中的智能合约有助于解决共享经济中存在的问题

共享经济与区块链可谓是当下最热门的两种前沿科技。

共享经济是近年来兴起的一种商业模式，指能让商品、服务、资源及人才等通过一定的共享渠道重新配置的一种社会经济体系，是大数据时代的新产物。

而区块链技术则是一种底层技术，它拥有分布式账本技术，有加密算法，有共识机制，有点对点网络，有激励机制等，区块链通过分布式的节点支撑起真正的点对点沟通，做到去中介化的信任。

区块链的出现将会对共享经济的发展和完善，提供极大的帮助。

6.3.1　共享经济存在的问题

共享经济，一般是指以获得一定报酬为主要目的，发生于陌生人且存在物品使用权暂时转移的一种新的经济模式，特点是把原先所有权明确的、闲置的、非标准化的零碎资源映射为标准数字化的互联网信息来分享和整合，并且将这些互联网信息充分地调动起来。

共享经济依赖的是对大范围数据和资源的掌控和调用，在小范围内实现共享，其本质是租赁服务，而在大范围内实现共享，其本质才是真正的共享经济。

共享经济要实现真正的共享，离不开两项关键的基础设施，如图 6-9 所示：

02 掌控和保护用户数据

01 低成本的信息流通（互联网）

● 图 6-9

移动互联网让行为和需求数据第一次可以精准定位到个人，常年在线的方式让数据有了即时的特性。

而互联网与数据的结合，相当于在网络数据空间复制了一个和现实世界实时对应的信息世界，在信息世界，每个用户的信息和需求独立组成个体特定需求构建成的映射网络。

但是，通过对互联网数据的研究，能否将每一条需求和供给相连成单链，能否让每一条单链实现互联互通，这是共享需要面对的问题。

而传统模式下，数据本身具有被垄断性和不真实性，在此状况之下，如何让数据成为一种全社会范围的、真实的公用资源是有待解决的问题。

因为只有公开性的、真实性的数据才能带来数据革命，从某种意义上来说，共享经济就是数据革命的形式之一。

6.3.2 区块链技术与共享经济

我们知道，区块链技术是伴随加密数字货币逐渐兴起的、一种去中心化基础架构与分布式计算范式，以块链结构存储数据，使用密码学原理保证传输和访问的安全性，数据存储受到互联网多方用户共同维护和监督，具有去中心化、透明公开、数据不可修改等显著优点。

同时，区块链技术通过在网络中建立点对点之间可靠的信任，去除价值传递过程中介的干扰，既公开信息又保护隐私。

共享经济的两项关键要求——低成本的信息流通（互联网）和对用户数据的掌控，区块链技术都可以提供有效的帮助，这主要从两个途径解决，如图 6-10 所示。

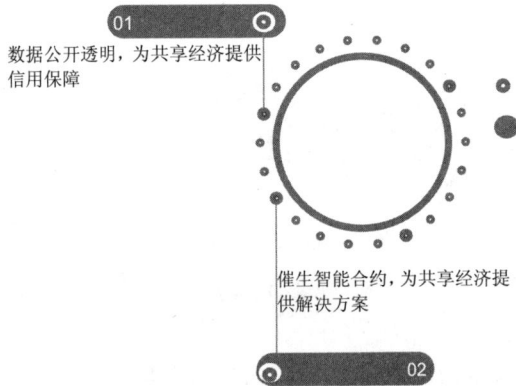

● 图 6-10

1. 数据公开透明，为共享经济提供信用保障

区块链本身即为一个大型海量数据库，记录在链上的所有数据和信息都是公开透明的，任何节点都可以通过互联网在区块链平台进行信息查询。

任何第三方机构都无法将记录在区块链上的已有信息进行修改或撤销，这从而便于公众监督和审计。

这种体现为"公正性"的技术优势，使得区块链技术能够运用到共享经济当中，能够为形成以用户体验为核心的信用体系提供保障。

2. 催生智能合约，为共享经济提供解决方案

智能合约（smart contract）这个术语至少可以追溯到 1995 年，是由多产的跨领域法律学者尼克·萨博(Nick Szabo) 提出来的，他在发表在自己的网站的几篇文章中提到了智能合约的理念。

尼克·萨博对智能合约的定义如下："一个智能合约是一套以数字形式定义的承诺 (promises)，包括合约参与方可以在上面执行这些承诺的协议。"

若是将智能合约与区块链相连接，那么，智能合约可以让区块链在安全、互信的基础上，完成满足特定条件下的交易，智能合约的抽象概念是在个人、机构和财产之间形成关系的一种公认工具，是一套形成关系和达成共识的协定。

从本质上讲，智能合约如同计算机编程语言中的 if-then 语句，一旦预先定义的条件被触发，合约就会智能执行，对数字财产进行交换。

例如，为房屋而设计出的数字保障智能合约，根据智能合约设计策略，完善房屋抵押品协议，以便其更充分地嵌入到处理合约条款中；根据合约条款，这些协议将使加密密钥完全控制在具有操作属性的人手中，而此人也将正当地拥有该房屋；最简单的，为了防止偷窃，使用者需要完成正确的解锁过程，否则房屋将切换至不可使用状态，比如门禁失效和设施失效等。

若将智能合约运用到共享经济中，则是运用智能合约的三点核心技术，如图 6-11 所示。

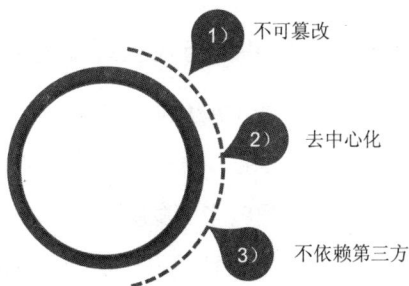

●图 6-11

智能合约这三点特性能够解决合约双方的信任问题，即区块链本身每个有效的区块（网络节点），对于共享经济来说，就是一个独立的用户，而区块链的大型维护节点，对于共享经济来说，就是平台方。

区块链的智能合约是对合约双方或多方进行确认、实施和强制执行，对于共享经济项目来说，就是在"共享"的执行前、中、后三个阶段进行约束，可以消除共享事件中的不信任因素。

可以说，基于区块链技术的智能合约系统兼具自动执行和可信任性的双重优点，使其可以帮助实现共享经济中的诸如产品预约、违约赔付等多种涉及网上信任的商业情景，大范围内实现共享。

6.4 理性的繁荣：全球智能经济的兴起

关键词： 人工智能、智能合约、区块链

主要内容： 人工智能发展空间巨大，区块链与人工智能共生会创造无限的可能性

人工智能需要的数据往往被中心化平台垄断，阻碍了创新，从这种意义

上看，人工智能是有缺憾的。而区块链可以给人工智能提供数据市场，相反人工智能可以监管区块链的运营是否合规。

可以说，人工智能和区块链是互利共生的关系，这两种技术的复杂程度不一样，商业意义也不一样，但如果能将两者整合在一起，那么，整个技术可能将会被重新定义。

6.4.1 区块链与人工智能的共生

人工智能（Artificial Intelligence），英文缩写为 AI。

"人工智能"这一词语，最初是在 1956 年 Dartmouth 学会上提出的，从那以后，研究者们发展了众多理论和原理，人工智能的概念也随之扩展。

人工智能是计算机科学的一个分支，它企图了解智能的实质，并生产出一种新的，能以与人类智能相似的方式做出反应的智能机器，该领域的研究包括机器人、语言识别、图像识别、自然语言处理和专家系统等。

人工智能是个能激发想象力的词，但它还可以被叫作"计算机模拟"或者"机器学习"，为什么人工智能有这两种叫法？可以从它的本质上进行分析，如图 6-12 所示。

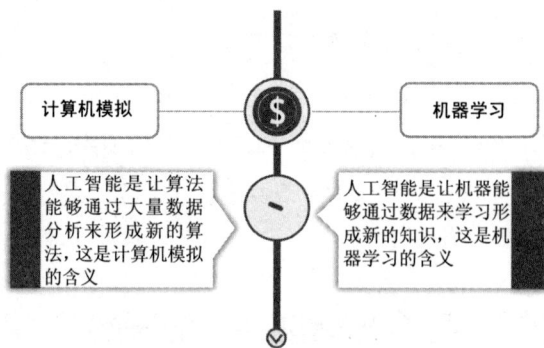

• 图 6-12

如今，我们设计算法、提供计算能力和数据，人工智能算法会"智能"地为我们做这些。

一个合理的类比是，算法和计算能力形成了新的发动机（引擎），而数据是这个发动机的燃料，它们结合在一起形成源源不断的新动力能源，但是，人工智能还存在一些数据管理方面的问题。

而区块链是分布式网络中由各方共享的安全分布式数据库，其中交易数据可以记录下来，易于审计。简而言之，区块链就是一种"让互不相识的人信任共同记录事件的技术"，具有去中心化、共识、分布式技术的特征。

那么，区块链与人工智能之间存在什么联系呢？

在上文说过，人工智能又叫"机器学习"，它主要的应用是"机器学习"；而区块链解决的是机器间的"信任"与"协调"。

可以说，人工智能侧重于决策、评估和理解某些模式和数据集，最终产生自主交互；而区块链关注的是保持准确的记录、认证和执行，两者之间是可以共生的。

如果说人工智能是机器的平行世界中的"自学习"，那么，称区块链是平行世界中的"自组织"也是合理的。

6.4.2 人工智能将改变区块链

区块链存在一些局限，人工智能将会在某种程度上影响区块链，这里，从三个视角进行分析，如图 6-13 所示。

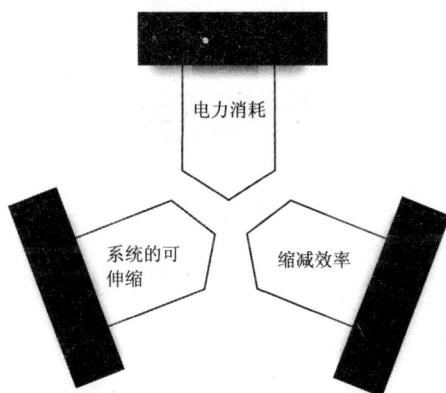

电力消耗

系统的可伸缩

缩减效率

● 图 6-13

1. 电力消耗

区块链中的"挖矿"是一项极其困难的任务，需要大量的电力以及金钱才能完成。而人工智能已经被证明是优化电力消耗的有效手段，有些技术人员认为类似结果也可以在区块链方面实现，这一技术的实现，可能会带来挖矿硬件方面的投资下降。

2. 系统的可伸缩

中本聪提出可以把"区块链修剪"，比如删除已完成的消费交易的数据，作为可能解决方案，但是 AI 可以引入新的去中心化学习系统，或者引入新的数据分片技术来让系统更加高效。

3. 缩减效率

世界四大会计事务所之一的德勤做出过估算，区块链验证和共享交易的总运行成本大概是每年 6 亿美元。

而一个智能系统可能可以计算出一个特定节点，让这个特定节点成为第一个执行特定任务的节点，让其他矿工有可能可以选择放弃针对该特定交易的努力，从而削减总成本。

而效率的提高，还有助于降低网络时延，从而让交易变得更快。

6.4.3 区块链将改变人工智能

根据区块链与人工智能的共生关系，区块链也能够对人工智能产生影响，这里，我们看看会产生什么样的影响。如图 6-14 所示。

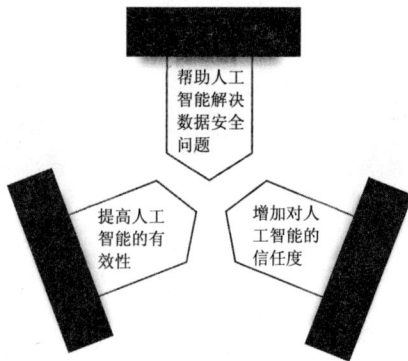

●图 6-14

1. 帮助人工智能解决数据安全问题

区块链的去中心化与分布式结构，使区块链将解决人工智能存在的数据共享、数据安全等问题。

在数据共享方面，区块链本身是一个价值传输的协议，将各个企业的数据共享并互换价值。我们可以去激励这种行为，产生更多有价值的数据。

在安全方面，把数据放到区块链上让它拥有一个身份，就可以让数据产生信用值，然后利用安全的数据可以产生更安全的决策。

2. 提高人工智能的有效性

安全的数据共享意味着更多的数据，和更多的训练数据，然后就会有更好的模型，更好的行动，从而实现高效率的工作。

3. 增加对人工智能的信任度

解决机器间信任的方式是跟信息技术有关的，便是引入区块链这种去中心化账本的模式。

有了基于去中心化的账本，若是我们将部分任务将交给自动虚拟代理来管理，区块链清晰的审计跟踪将可以帮助机器与人相互信任，并且帮助我们去信任它们，有了信任之后，进一步就会增加机器与机器之间的交互和交易。

6.4.4 自动驾驶与区块链技术的碰撞

和"区块链"一样，"自动驾驶"也是一个火爆的词语和领域，众多公司纷纷加入到了研发自动驾驶的大军中，而保时捷也成为其中的一员。

2018 年，保时捷与德国柏林的初创企业 XAIN 合作，在车内测试区块链，具体的区块链技术体现在以下两方面，如图 6-15 所示。

● 图 6-15

1. 远程快速解锁车辆

区块链技术应用于车辆，通过手机 App 为车辆上锁、解锁仅需 1.6 秒。在这种方式下，车辆成为区块链系统中的一环，用车数据传输将无须再绕行服务器，线下数据即可直接连接车辆，而这种方式要比正常解锁的速度快 6 倍。

2. 第三方临时授权

当用户需要为他人授予车辆访问权限时，可以使用这样的方式，即用户通过手机 App 就可完成相应的操作，并且能够了解车辆的一切活动信息，以及进行远程控制。

而实现这一场景则是利用了区块链技术的信息开放性，区块链这一技术可以确保所有用车活动信息记录在案、无法修改，且可以随时查看。

除此之外，区块链技术对未来自动驾驶的研发也能起到推动作用，相关研究表明，车辆行驶过程中的区域路况等数据，可与其他车辆安全共享，车主可以充分利用受保护的群体数据来提高驾驶安全与效率。

基于此，除了保时捷之外，Vectoraic（以色列的初创企业，该公司生产的是全球唯一的、基于人工智能技术的区块链式路面交通管理系统）公司的创始人 Aviram Malik 介绍的 Vector 技术是很好的案例。

Vector 技术的革命性在于可以通过接收传输设备如移动电话、传感器和摄像机的数据，来感知、预测风险区域并发送可能发生碰撞的预警信号。

利用区块链的技术，可以将所有的数据，比如路上的行人、单车、宠物等全部互联互通，并且无须任何硬件、宽带和通信设备，就可以将物体探测出来、搜集物体的信息，通过人工智能的计算，可以远距离给自动驾驶汽车提出警告。

最重要的是，Vector 技术利用区块链技术，所有汽车的驾驶数据都被记录在区块链中，不可篡改，这有利于解决交通道路事故的责任认定问题。

6.5 立体供应链结构

关键词： 供应链、互联网、区块链

主要内容： 供应链是社会运行、经济发展不可或缺的一部分，随着互联网的快速发展，供应链存在的问题日益凸显，而区块链则可以有效改变这一问题

供应链是区块链较早发展和成熟度相对较高的应用领域，据统计，供应链是仅次于金融服务的第二大应用领域。

6.5.1 供应链的局限性

供应链的概念是从扩大的生产（Extended Production）概念发展而来，供应链是指商品到达消费者手中之前，各相关者的连接或业务的衔接，是围绕核心企业，通过对信息流、物流、资金流的控制，从采购原材料开始，制成中间产品以及最终产品，最后由销售网络把产品送到消费者手中，将供应商、制造商、分销商、零售商直到最终用户连成一个整体的功能网链结构。

这个整体的功能网络结构的核心就是主体之间建立信任，协作协同，将原本各自为战的企业形成链条，将离散的链上信息进行收集整合。

在供应链链条上，资金流、信息流、实物流交互运行，协同难度极高，若是传统地依靠单一链主，那么，核心企业的协调模式已经不能满足现今多元化、快速发展的市场需求。

这些问题会造成三方面的问题，如图 6-16 所示。

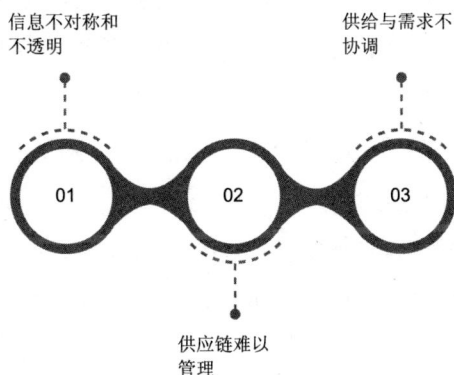

信息不对称和不透明

供给与需求不协调

01   02   03

供应链难以管理

● 图 6-16

1. 信息不对称和不透明

传统的供应链中，核心企业虽然作为链主存在于整个供应链管理体系中，但因其对供应链上下游的掌控范围有限，存在信息的不对称和不透明问题。

2. 供应链难以管理

传统的供应链中，核心企业的供应链管理向上下游延伸同样难度大。

3. 供给与需求不协调

传统的供应链中，核心企业对供应链上的实物流、信息流和资金流的合理整合难以保证，导致管理能力和需求的不对称，从而导致供给与需求不协调。

供应链中信息不对称、信息不透明、供给与需求不协调等问题，在"星巴克与咖啡农场主"中得到了最好的说明。

因为咖啡豆的销量不错，非洲的小型种植咖啡豆的农场主想要扩大他的农场，但是，他不能扩大，因为他必须要给进出口公司最合适的条款，进出口公司又要给加工商最合适的条款，而加工商又要给星巴克最合适的条款。

星巴克也许可以只用 3% 的利息就能获得 10 亿美元的贷款，但是，咖啡豆农场主用 20% 的利息才能拿到 500 美元的贷款。

然后，星巴克可以投资到只需要 100 万美元首付的产品，并且有 10% 的回报率。但是，咖啡农场主却拿不到足够多的资金去扩大生产，虽然咖啡豆农场主可以去抵押贷款，但若是利息过高，也会给咖啡豆农场主带来资金压力，同时，信息的不透明，提供贷款的主体也可能会产生咖啡豆农场主是否能按时还贷款的怀疑。

最终导致的结果是所有的资产都在星巴克那，虽然小农场主有资产增值的潜力，却没有获得资金的能力。

某种程度上来说，这种情况会改变的，越来越多的公司正在找外包公司或者在线自由职业市场，填补找他们供应链中的部分环节。

但是，通过寻找供应链中部分环节的这个方式，却要比整体经济增长要慢很多，因为大公司常常掌握更多的资本，他们的做法普遍是用最便宜的资产去购买中小公司，然后低效地使用它们；而中小公司想要获得资本，在销量不好的时候，采取降低咖啡豆的收购价格也是一个办法。

所以，咖啡豆农场主想要获得的资金，是需要经过大公司、中小公司，才能到达咖啡豆农场主的手中，而贷款也是困难的。

6.5.2　区块链弥补供应链

区块链提供的信任协作机制，为解决供应链的多方协作等问题提供了可靠的技术支撑。

以下将从区块链的三点技术特征出发，具体分析区块链为供应链带来的革新，如图 6-17 所示。

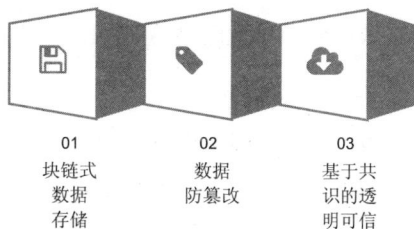

● 图 6-17

1. 块链式数据存储

供应链更多强调的是数据的深度保存和可搜索性，保证能够在过去的层层交易中追溯所需记录，其核心是为每一个商品找到出处。

区块链技术的特征，即数据存储的使供应链中涉及的原材料信息、部件生产信息、每一笔商品运输信息以及成品的每一项数据以区块的方式在链上永久存储。然后就可以根据链上记录的企业之间的各类信息，轻松地进行数据溯源。

于是，通过区块链数据存储的方式，区块链的框架满足了供应链中每一位参与者的需求：录入并追踪原材料的来源；记录并追溯产品的出处。

2. 数据防篡改

在传统的供应链中，数据多由核心企业或参与企业分散孤立地记录保存在中心化的账本中，当账本上的信息不利于其自身时，就存在账本信息被篡改的风险。

引入区块链技术，在区块链的数据上加盖时间戳，能够保证包括成品生产、存储、运输、销售及后续事宜在内的所有数据信息不被篡改。

数据不可篡改，能够降低企业与用户之间信息的不对称，从而降低企业间的沟通成本。

3. 基于共识的透明可信

区块链系统的共识机制在去中心化的思想下解决了节点间相互信任的问题，使得众多的节点能在链上达到一种相对平衡的状态。

区块链解决了供应链中在不可信的信道上传输可信信息、价值转移的问题，共识机制解决了如何在供应链这种分布式场景下达成一致性的问题。

在"共识机制"下，企业和企业、企业与用户之间的运营遵循的是一套协商确定的流程，而非依靠核心企业的调度协调，由于信息足够透明，彼此之间可以建立足够的信任。

还以咖啡豆农场主为例，区块链的使用，使中小企业与咖啡豆农场主之间的信息相对透明，也抹平了现有资金和价值资产之间的空缺，这会给咖啡豆农场主带来可以接受的利率，从而获得资金。

咖啡豆农场主如果购买新的设备，产量可以增加30%，但是，咖啡豆农场主没有资本来投资这些设备，在这种情况下，咖啡豆农场主可以选择用现在的农场资产为抵押，在区块链上进行借贷，因为咖啡豆农场主将抵押的资产放到区块链上时，会有很多去中心化的节点来维护这个账本，提供贷款的主体就再也不需要第三方的信任。

那么，咖啡豆农场主就能够买新的设备，增加产量，用增加的利润来支付贷款，而区块链的透明性也为投资方减轻了风险，他们会在区块链上清楚地看到星巴克来购买这些咖啡的订单，由于相对较低的风险，他们也能以较低利率借出资金。

第 7 章

区块链链接万物：人类社会的新型契约

区块链技术在大数据时代有着越来越广泛的应用，在金融和商业领域也显示了其优势，如今，区块链去中心化、不可篡改又高度透明的技术已经被应用到越来越多的领域，活跃在人们的生活当中，为人们的公证与认证带来便捷，为人们的知识产权带来保护，为人们的存储方式带来了新技术，也为人们赖以使用的能源带来新的技术动力。

本章导读：
➤ 公证与认证不再是难题
➤ 知识产权的管理
➤ 聚沙成塔式的分布式云存储
➤ 天才的设计：区块链与能源

7.1 公证与认证不再是难题

关键词： 公证、认证、区块链

主要内容： 传统的公证与认证存在弊端，区块链技术能够有效地解决这些弊端

区块链技术在大数据时代有着越来越广泛的应用，除了金融、商业领域，区块链去中心化、不可篡改又具有高透明度的技术特点已能够应用在更多的领域。

在大数据时代，信息化时代，如何才能以较低的成本提高数据证明过程的透明度，如何通过分布式数据库以更低的成本明确权属，是区块链将要解决的问题。

7.1.1 传统公证系统的弊端

公证是公证机构根据自然人、法人或者其他组织的申请，依照法定程序对民事法律行为、有法律意义的事实和文书的真实性、合法性予以证明的活动。

但是，传统的公证系统存在以下几点弊端，如图 7-1 所示。

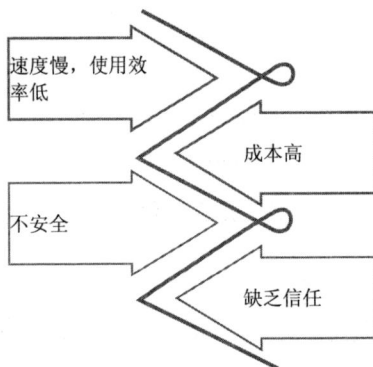

● 图 7-1

1. 速度慢，使用效率低

速度慢，使用效率低，导致了无法快速查找、上传、下载相应的数据，尤其在没有实现真正的数据共享的时候，公证的效率就更低了。

2. 成本高

存储进互联网的数据，一般需要经过多家机构的多次确认，交易成本高。

3. 不安全

信息数据的存储是权威机构集中进行物理存放，这种集中物理存放不仅管理复杂，而且存在着较大的风险，因为一旦统一的电子存储设备发生损毁，很多资料就无法恢复。

4. 缺乏信任

在现有的情况下，虽然大部分信息记录通过电脑存储在了互联网中，但是，这些数据却容易被人更改或删除。

这种信任的缺乏，也造成了大量的资源投入在了审计和记录核查，从而降低了效率和投资回报率。

这里有一个案例说明了传统公证系统出现的问题：一位独居国外的女士最近出现了疑惑，因为她在十多岁的时候移居国外至今近三十年，前一段时间，某天忽然接到电话，对方说根据国家财产局的备案，该女士在国内苏州的房子已被别人登记入户，于是这位女士匆匆回国处理这件事情。该女士为了证明她的房子就是她的，出具了土地证，但法院也未予采信，仍然依据国家财产局的记录为准判房屋归属另一人，该女士也有些无可奈何。

直到法院经过调查后才发现，当时为这位女士的房子做登记时，还没有出现互联网，只是登记在了文件中，而当财产局再次进行登记的时候，因这位女士移居国外，而再次错过，因房子一直没有登记，正好另一户人家在登记的时候出现了错误。最后，经过证明，房子确实属于这位女士所有。

类似这样因为有意无意的记录错误而导致的不公正与财产损失，每天都在世界各地发生。

这就暴露了传统公证的弊端。

7.1.2　区块链能够弥补传统公证系统的不足

区块链是一个公共记录账本，存储于全世界数以千万计的计算机之中。存储信息具有的可复制性与不可更改性，使得这种技术比目前各国使用的传统公证方法更安全。

相比较传统公证系统，区块链技术下的公证系统的优势，主要体现在以下三个方面，如图 7-2 所示。

提高公证效率

实时对文
件进行安
全处理

提高安全性

● 图 7-2

1. 实时对文件进行安全处理

现有的各国公证中心保管的文件，其保管方式是在带有日期的材料上盖章，拍照载入系统，这些纸质文件或图片记录很可能由于 IT 系统本身遭受攻击而丢失。

针对这一点，区块链可以提供完整的解决方案。将文件生成唯一的数值散列值记录到区块链上，给记录文件打上进入公证系统的时间戳，区块一旦生成，记录的文件信息将永远无法篡改，对于何时、何人、登记的文件内容都具备完全的唯一性和可追溯性。并且因为区块链的广泛分布特性，使得在任何灾难情形下，只要有 1 个以上节点仍在工作，认证的数据信息即可完整保全。文件的存在性证明和真实性证明可以在分布广泛的众多去中心化节点的反复自认证中得到保障。

2. 提高公证效率

区块链通过实时对文件进行安全处理，产生时间、文件内容的哈希值和存储人一一对应，以达到证明文件存在性、完整性和所有权的目的。区块链的即时性公证，解决证据固化和保存流程烦琐、花费时间长等问题，提高公证效率。

3. 提高安全性

区块链能够将文件生成唯一的数值散列值记录到区块链上，给记录文件打上进入公证系统的时间戳，区块一旦生成，记录的文件信息将永远无法篡改，具备完全的唯一性和可追溯性。

并且因为区块链的广泛分布特性，使得即使发生意外事故，只要有 1 个以上节点仍在工作，认证的数据信息即可完整保全。文件的存在性证明和真实性证明可以在分布广泛的众多去中心化节点的反复自认证中得到保障。

同时，区块链可以保证电子数据和信息的完整、真实和安全性，为法律机关提供有据可依的证件，通过电子签名、私钥、公钥等方式杜绝隐私等敏感信息外泄。

有了区块链技术之后，需要证明房子是这位女士的步骤也简单快捷很多，女士可将房产数据发送到区块链上，区块链上的数据是不可复制、去中心化以及不可篡改的，区块链可将这些数据生成一段"符号加数字"的密码，当出现纠纷的时候，这位女士只需要拿着这段"符号加数字"，系统就会自动进行识别，如果与区块链上的"符号加数字"相符合，就证明了房子属于这位女士所有。

7.1.3 身份认证不再是问题

身份证是用于证明持有人身份的证件，我们的日常生活和出行离不开它，如果将区块链技术应用到身份证上，会为人们的生活带来意料之外的便利，而这要归功于"分布式智能身份认证系统"。

基于区块链技术的智能身份认证系统，会建立一个属于你的区块链身份证，上面会显示你的护照照片、在线头像，姓名下方有一个不可更改的密钥创建日期以及密钥标识，这张身份证上还有着签名栏、专属二维码、交易编号以及哈希算法证明。

那么，如何创建并使用区块链身份证呢，要分为三个步骤，如图 7-3 所示。

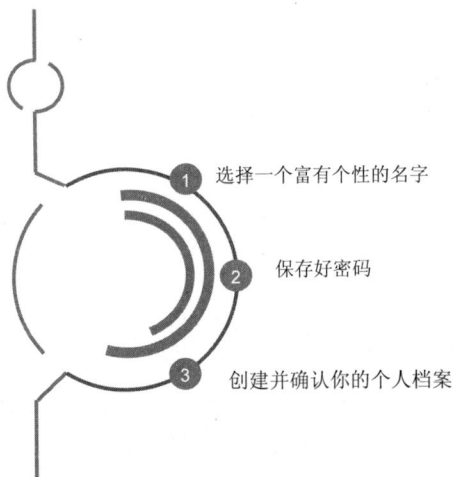

• 图 7-3

1. 选择一个富有个性的名字

取一个富有个性的名字用于你自己的 ID 上，有助于与他人的名字相区别。同时，其他人也能根据你的名字找到你的区块链 ID。

2. 保存好密码

这个密码，相当于一个密钥，一定要妥善保管，因为无论进行任何操作，都需要提供密钥来进入个人账户，而唯一的密钥只有你自己知道，所以，需要好好保存你的密码，一定要记得备份。

3. 创建并确认你的个人档案

把你的区块链身份证和社会网络档案连接起来，证明这是你本人的区块链身份证，在这个档案中你能够确认你的个人信息。

于是，你就可以使用你的区块链身份证了，把你的区块链身份证共享在你的网页、社交网络档案以及名片上，这样，其他人就可以很容易地在网上找到你了。

而你的信息永远不会丢失、永远不会被篡改。

使用区块链身份证的计划，已经被霍伯顿软件工程学院采用了，2015 年 10 月，美国旧金山的霍伯顿软件工程学院宣布将利用区块链记录学生的学业完成情况，成为世界上第一个利用区块链认证学历证书的学校。

霍伯顿软件工程学院的联合创始人西尔万·卡拉什（Sylvain Kalache）称，学校理解招聘公司在辨别学历真伪时面临的困难，所以他们采用了区块链技术来认证学生的学位证。

西尔万·卡拉什说："对于雇主来说，他们不需要花很多时间打电话去大学或者找第三方机构确认求职者的学历。"同时，区块链还能帮助学校节省很多的人力和财力，省去了建立数据库的麻烦。

西尔万·卡拉什还说："我们的学生非常乐意看到他们的学位证能够得到认证，他们同时也看到了这项技术的发展潜力。现在已经有很多公司投资开发区块链，我们学校能够成为第一个这么做的，学生们非常骄傲。"

可见，区块链身份证真的能够为我们的生活和出行带来极大的便利。

7.2 知识产权的管理

关键词： 知识产权、区块链技术、保护

主要内容： 区块链技术有助于解决知识产权保护中存在的问题，并且已有创业团队对比进行实践

随着知识经济的发展，知识产权已经成为市场竞争力的核心要素。在当下的互联网环境中，知识产权侵权现象严重，纠纷频发，原创精神被侵蚀、行政保护力度较弱、举证困难、维权成本过高等问题成为内容产业的一大痛点。

而保护知识产权就是保护创新，用好知识产权就能激励创新。知识产权已经明确被纳入国家"十三五"规划的重点专项规划之中，这也是知识产权规划第一次进入国家的重点专项规划。

如今，区块链技术正被应用于版权保护领域，通过发展基于区块链的数字版权管理（DRM）技术，对软件发行的每一份授权许可或者著作人对作品的版权进行记录和跟踪，使作者对自身的知识产权有更加强大的控制权。

7.2.1 知识产权中的痛点

知识产权是权利人对所创作的智力劳动成果所享有的财产权利，包括专利、版权、商业秘密、植物新品种、特定领域知识产权等。

知识产权服务业横向可分为版权、商标、专利三个细分子行业。其中，版权的行业成熟度相对较高。

知识产权服务业纵向可分为确权、用权、维权三个环节，这个行业现在出现了众多问题，主要可以归纳为四个方面，如图 7-4 所示。

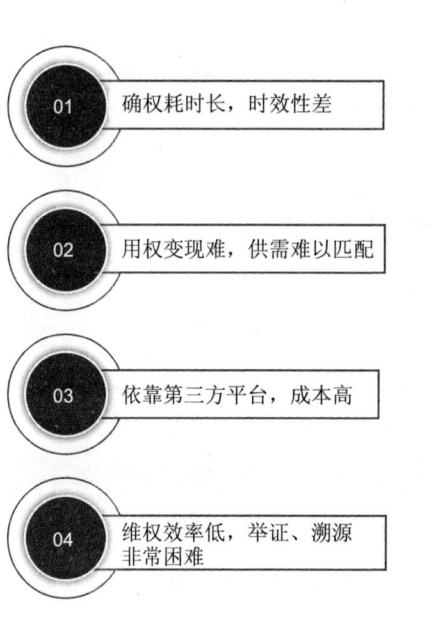

01 确权耗时长，时效性差

02 用权变现难，供需难以匹配

03 依靠第三方平台，成本高

04 维权效率低，举证、溯源非常困难

● 图 7-4

1. 确权耗时长，时效性差

知识产权的所有权注册，主要就是版权注册。理想条件下，这种注册不仅能精确地记录作品的原始所有权归属，还能记录所有涉及该作品的后续交易。

线下的版权服务企业一般需要耗时几个月时间才能完成确权，新兴的互联网企业可以缩短到 30 多个工作日，如果使用加急通道，也至少需要 10 个工作日。在费用方面，最低的收费也要 300 元 / 件，有的甚至高达数千元，整个过程耗时耗资，不利于维护内容创作者的权益。

虽然，互联网企业的进入加快了确权进程，但整体过程的时效性仍然较差。

2. 用权变现难，供需难以匹配

在用权方面，存在变现难、供需匹配不平衡的情况。近年来，我国年版权登记量达到数百万以上，但是还有庞大的内容创作群体并未申请相应的版权保护，随着内容创业时代的到来，这个数字未来必将出现成倍的增长。

如此庞大的版权供给，知识产权业应该如何匹配需求，如何实现版权的变现，是最需要进行解决的问题。

3. 依靠第三方平台，成本高

除了已经进行登记的版权之外，一些文学作家、摄影师和词曲作者的作品的版权也缺少有效的证明和保护方法，因为传统的版权证明方式依赖权威的第三方认证，使用时成本很高，造成了内容流通和变现的困难。

在新兴的数字版权时代，如何有效解决版权保护的问题，方便版权交易和推广，确实需要有突破性的方法。

4. 维权效率低，举证、溯源非常困难

这一点，要从两方面进行分析，如图 7-5 所示。

从维权环节来看，追溯链条较长，因为界定侵权难度大，需要逐级查看授权说明才能最终确定侵权。特别是对于声音和图像这种数字内容而言，因为很难分辨"原版"和"仿作"，所以，更容易引起所有权争议。

同时，维权追溯过程复杂，在确定侵权后，权利溯源难度较大。例如音乐版权，词曲作者拥有词曲的著作权，歌手拥有歌曲版权，同时，还包括复制权、发行权、播放权、放映权等一系列的权利交叉其中，权利归属的复杂程度可想而知。

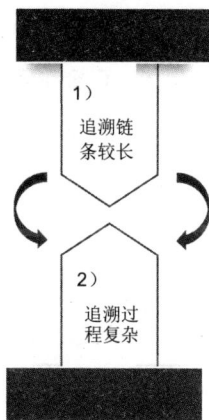

1）
追溯链条较长

2）
追溯过程复杂

● 图 7-5

7.2.2 区块链技术有助于保护知识产权

可以利用区块链技术中带有时间戳信息的分布式数据库来记录知识产权

资产的产权链（chain-of-title）以及所有权情况。

在区块链中，所有权可以按照顺序实时更新，从而可以为任何一种知识产权资产的转让活动提供不可篡改的跟踪记录，并且再也无须去寻求第三方信托的帮助。

同时，凭借区块链潜在的互通性，这项技术还有望为全球知识产权注册制度助力，从而让不同国家公民之间的知识产权转让备案工作变得比在谷歌进行一次搜索还要简单，极大地提升了效率。

那么，区块链具体是如何做到的呢？可从三个方面进行分析，如图7-6所示。

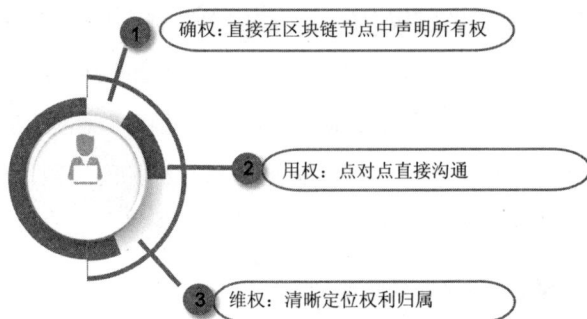

① 确权：直接在区块链节点中声明所有权

② 用权：点对点直接沟通

③ 维权：清晰定位权利归属

● 图7-6

1. 确权：直接在区块链节点中声明所有权

与传统确权模式相比，基于区块链的所有权确权具有很多优势。

（1）缩短了注册时间，因为注册过程几乎是即时的；

（2）降低了注册的费用；

（3）增加了安全性，区块链数据库的去中心化且加密安全性质，使作品不太容易遭受意外的损失或黑客攻击；

（4）及时追溯，用户作品的后续交易也会被实时记录，并且在网上可以被实时追踪到；

（5）公布所有权，利用区块链的公开透明可以更广泛地宣示作者对作品拥有的所有权。

但是，使用区块链进行注册时，要注意这样一个问题，不同的区块链注册服务商使用不同的方法，可能会出现"多重注册"的冲突。

这可能会影响区块链注册的权威性，并影响部分作者的注册意愿。不过，这个问题并非无法解决。根据区块链注册提供的不可改变的时间戳，平台之间可以相互承认，能够有效解决所有权纠纷的问题。

2. 用权：点对点直接沟通

使用区块链的点对点直接沟通，不仅能够帮助需求方与权利人建立点对点的直接沟通，减少中间繁杂环节，还能够加速供需匹配，通过与大数据技术相结合，加速供需匹配和权利流转速度，降低中间成本，有利于解决变现的难题，提升变现效率。

同时，若是应用了智能合约，还能够提高版权收费和交易的执行效率，创建分账的合同就是一种有效的方法，以 A、B 二人共同完成一首歌曲的创作为例，如图 7-7 所示。

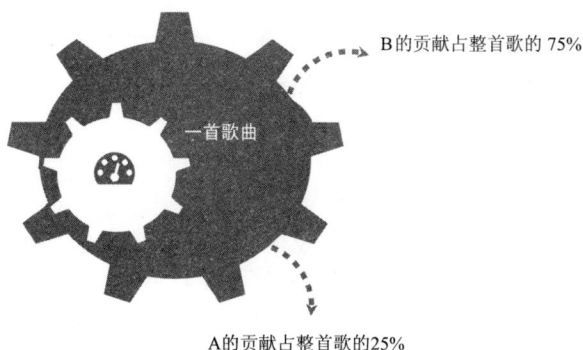

B的贡献占整首歌的 75%

一首歌曲

A的贡献占整首歌的25%

● 图 7-7

若是用户 C 付费听了这首歌，那么系统就会自动为 A 和 B 按照图 7-7 的比例分账。

3. 维权：清晰定位权利归属

使用区块链技术能够通过程序算法自动记录信息和规则，具有明确、清晰的权利归属，能在第一时间确认侵权，同时也能快速找到侵权主体。

除此之外，侵权记录被不可更改地保存下来，这一点，具有两方面的好处：一方面，降低权利人主张权益的成本，不需要效率低下的第三方参与仲裁，从而解决了知识产权产业链繁复杂乱的问题，通畅了维权道路，有效提高了维权效率。

另一方面，侵权记录在全网，侵权者的信用会受影响（可借助大数据进行信用评分），不利于其以后的其他交易。因此，在基于区块链的知识产权体系下，失信者将越来越没有市场。

7.2.3　区块链保护知识产权的应用案例

区块链的知识产权保护实践之路已经开启，已经有一些团队先后发布了基于区块链的知识产权保护产品，如图 7-8 所示。

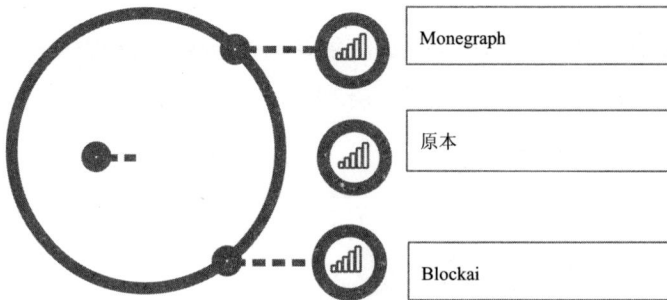

● 图 7-8

1. Monegraph

Monegraph 是 Pryor Cashman 公司推出的一种使用区块链技术的数字艺术和媒体新平台。通过这个平台，各类创造者很容易为其数字工作的商业价值构建智能合同和授权许可，简化了许可、支付处理、媒体处理和分配处理流程，协助权利人获得作品相应的商业报酬。

Monegraph 赋予艺术家们从菜单中选择作品出售、授权、转售以及合成音乐的权利，并允许艺术家们自己确定价格。对于用户的购买意愿，数字艺术和媒体新平台允许艺术家们不通过经纪人就能直接进行沟通，并且让艺术家们能了解到，作品的归属问题都可以通过区块链技术得到证实。

2. 原本

国内的创业团队创造出的"原本"，是基于区块链技术的版权认证和交易平台，该平台具有在以下三个方面的功能，如图 7-9 所示。

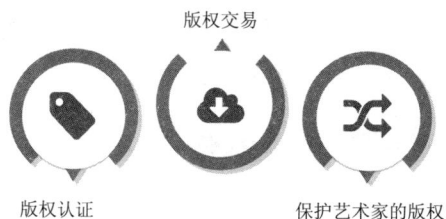

• 图 7-9

版权认证，即将作品和版权信息的加密验证永久记录在区块链上，为作品提供免费、可靠的版权认证，对接线下公证处和律所服务，提供一站式服务。

版权交易，即通过原本协议让内容携带版权，即便经过多次转载，仍然可以实现版权交易，使在原本平台上的版权交易流程安全快捷。

同时，原本还支持海量小规模版权交易，就是将交易记录写入区块链，确保授权可信，实现版权长尾流量变现。

保护艺术家的版权，即通过原本创业团队开发的全网侵权检测工具 Hawkeye，定期追踪每一篇在"原本"进行了版权认证的文章的传播去向，确保不被侵权。

3. Blockai

Blockai 是初创企业，致力于为美国艺术家提供基于区块链的版权保护措施，弥补现有政府相关系统的缺陷。

Blockai CEO 内森·兰德斯（Nathan Lands）说："区块链是提供创造证明的最完美解决方案。它是一种永久的、不可更改的记录。"

Blockai 用全球验证比特币交易的方法（区块链）来帮助艺术家，可以给作品加时间戳，同时能够探测侵犯知识产权的攻击者。

具体的步骤如下：

（1）艺术家将作品上传到网站上后，会收到一份版权证书，用永久的时间戳证明作品创作时间，这样就能提供基本的版权保护。

（2）艺术家在网站上注册了作品后，Blockai 会搜索网络找到相近的作品以识别是否侵权，来随时探测侵犯知识产权的攻击者。

（3）若是探测出侵权的行为，Blockai 会采取措施对付攻击者以及侵权等违规行为。

7.3 聚沙成塔式的分布式云存储

关键词: 分布式云存储、区块链、数据安全

主要内容: 传统中心化存储方式存在着信息安全和永久存储的问题,而基于区块链技术的分布式云存储是解决这些问题的最佳方案

在第 2 章介绍过,区块链的特点就是分区块存储的,每块包含部分交易记录。每个区块都会记录着前区块的 ID,形成一个链状结构,因而被称为区块链,以此来保证每个区块上面的信息都是不可更改的,区块链实际上就是分布式数据库,是加密后分散式存储的云存储。

基于区块链技术的分布式云存储不但可以存储,还可以同时证明这份数据是真实和安全的,并且永远不会被修改。

7.3.1 区块链的分布式云存储

区块链的分布式云存储主要具有如下特点,如图 7-10 所示。

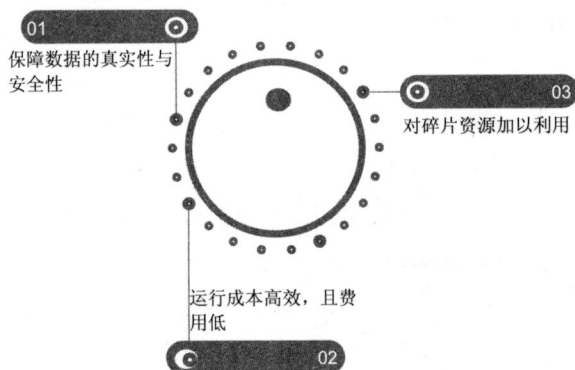

01 保障数据的真实性与安全性

03 对碎片资源加以利用

运行成本高效,且费用低

02

● 图 7-10

1. 保障数据的真实性与安全性

传统的云存储公司是通过购买或租用服务器来存储客户文件,同时,使

用 RAID（磁盘阵列，Redundant Arrays of Independent Disks，简称 RAID，是由很多价格较便宜的磁盘组合成一个容量巨大的磁盘组，利用个别磁盘提供数据所产生加成效果提升整个磁盘系统效能。这项技术将数据切割成许多区段，分别存放在各个硬盘上）方案或多数据中心的方法来保护数据的安全性。

如果借助区块链的去中心化机制，让文件存储于分布式、虚拟和分散的网络中，这样就不需要像传统的云存储公司那样依靠硬件的维护来保证存储的可靠性，从而有利于提高数据的真实性与安全性。

而且任何一个用户都可以访问公开区块链上的数据，同时，任何一个用户都可以发出交易等待被写入区块链。任何一个参与的用户都通过密码学技术和经济激励机制，在维护数据库的安全。

2. 运行成本高效，且费用低

区块链技术在网络上是公开、透明、开源的，任何一个用户不需要通过任何的机构及组织，都可以随时随地上传、下载所需要的信息。

当然了，使用 Storj（一个去中心化的基于区块链的分布式云存储系统）也是需要一定费用的，但还算合理和低廉，它是按存储和下载两种流量收费，如图 7-11 所示。

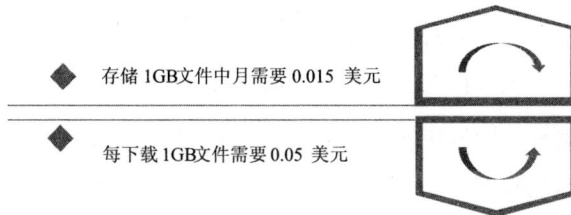

存储 1GB文件中月需要 0.015 美元

每下载 1GB文件需要 0.05 美元

● 图 7-11

3. 对碎片资源加以利用

任何一个用户都可以通过分享个人的硬盘空间获得金钱回报，这个金钱回报由租户直接支付给个人，而提供服务的平台只收取少量的服务费。

7.3.2 云存储平台——Storj

Storj（发音同 Storage）是第一个使用区块链和加密技术来保护文件的、分散式点对点加密云存储平台，其目标是成为一个可以不被审查和永不停机的云存储平台。

Storj 分散式点对点加密云存储的核心技术就是区块链技术，它没有数据中心，没有机房，而是利用了我们每个人电脑的剩余硬盘空间，工作原理如下。

（1）文件在上传之前会在用户的计算机客户端上进行加密，当用户上传文件的时候，Storj 会把文件进行切片，然后各个分片单独加密，然后保存到互联网上面其他用户贡献出来的硬盘空间上。

（2）为了保证数据不被篡改，Storj 采用一种数据结构"Merkle 树"——二分哈希树。

在本书的第 3 章介绍过区块链的密码学技术"Merkle 树"，特点就是每个节点的哈希值和下面的两个叶子节点有关，能够验证数据是否被修改过，用户只需要对比 Merkle 树中 Tree root 节点的一个分支 root 节点的哈希值是否一致，若是不一致，便说明数据被修改过，同时，还能定位具体被修改的数据。

（3）更加便捷的是，Storj 混合使用三种方式来验证数据的完整性，即整块、切成小块循环、某些特定块。

用户如果发现有某些块不可用、被修改或者不能访问，Storj 可以利用纠删码方式，从其他可用的数据块重构该数据块，保存到其他节点上。

（4）采用区块链的 P2P 技术，使得每个用户的下载速度会很快，这是因为有多台计算机同时可以为用户提供文件存取服务。

Storj 分散式点对点加密云存储借助自己的 Web 应用程序——Storj 和 Storj Share，提供这两种服务，如图 7-12 所示。

关于存储文件，前文已经说了，为了最好地保护数据，文件在上传之前会在用户的计算机客户端上进行加密，然后每个文件会被分解成加密数据块，然后通过 Storj 网络进行分散存储，即用户的文件已加密并被分散存储于不同的计算机上，而不是专门建立的数据中心。

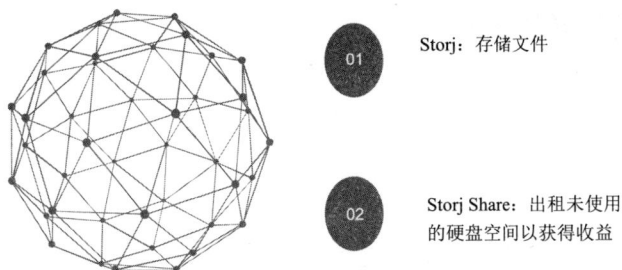

01　Storj：存储文件

02　Storj Share：出租未使用
的硬盘空间以获得收益

● 图 7–12

图 7–12 所示的这个网络由世界各地的用户运行的 Storj Share 节点组成，他们通过出租未使用的硬盘空间来取得 Storj 币，获得利益。

7.4　天才的设计: 区块链与能源

关键词: 区块链、能源、能源传输

主要内容: 传统能源应用存在众多弊端，基于区块链去中心化的技术，将有助于改变传统应用的模式，弥补其弊端

人类一直在探索能源与能源的应用方法，煤、石油、天然气等都通过了市场机制实现了互联，但是，电能却没有真正地达到互联。

于是，众多能源公司看中了区块链技术，纷纷选择同区块链创企建立合作关系。凭借在能源监管和传统电网基础设施等方面的深厚底蕴，它们正致力于开发区块链在能源领域应用的潜能并逐步建立自己的优势。

7.4.1　电力能源应用普遍现状

传统的能源应用存在很多明显的不足，主要体现在以下三方面，如图 7–13 所示。

1. 能源损耗大

传统的电力市场受公共事业单位管制，电力大多产自远离人口中心、城市中心的大型电站，需要无数的输配电基础设施进行电力运输，出现电力传输损耗大的问题。据统计，用户缴纳的电费中约有 38% 是用来支付传输基础

设施和传输损失的费用。

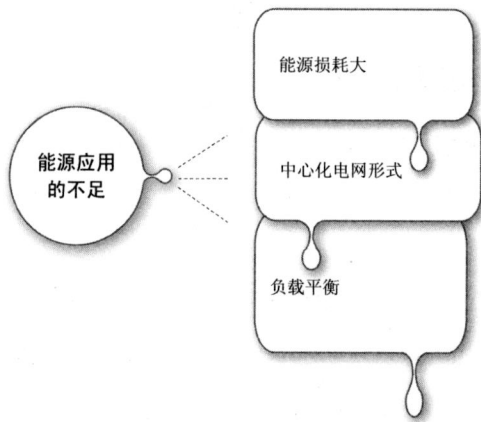

• 图 7-13

同时，我国有很多分布式的可再生能源，比如：太阳能，若用户安装了太阳能设施，那么，发出来剩余的电无法转让给其他用户，造成一部分的能源浪费。

2. 中心化电网形式

电能应用依靠中心化电网等基础设施，存在出现断电的风险，维护中心化电网的安全运行需要耗费不少的人力物力。

3. 负载平衡

传统的中心化电网，用电负载存在明显的峰谷效应，中心化供电体系中的发电、输电、配电等步骤存在负载平衡问题。

比如在我国很多城乡地区普遍采用三相四线制供电方式，其主要原因是供电方式既可以满足三相动力负荷的用电需要，也能有为众多的单相照明及其他负荷提供电源。在理性的三相四线制低压配电系统中，三相四线和电压有同样的幅值，且 A、B、C 向位互相差 1200，这样的吸引就叫作三相平衡系统。

当三相负荷完全平衡的时候，零线电流为零，零线上没有损耗，但是想要达到这个状态是极为困难的。然而由于大量照明及其他单相负荷的存在，低压电网规划和分配到各相电源的负荷很难做到均衡，即使按照设计容量进行了平衡分配，由于负荷运行是动态变化的，所以是难以控制，这个现象就造成了 10KV 配边普遍存在三相负荷不平衡的问题。

7.4.2　区块链在能源行业的应用

目前，区块链的概念和建设模式已经较为成熟，基于区块链的技术特征，主要可解决以下三点问题，如图 7-14 所示。

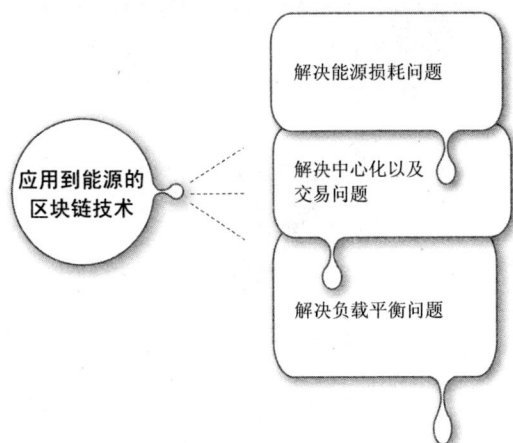

● 图 7-14

1. 解决能源损耗问题

区块链可以促进电网的更新升级，也就是创造一个更加去中心化的电网，并在电网中实行点对点的电力交易，尤其是对于分布式光伏发电来说，由于其电压较低无法远距离传输，通过区块链可以实现用户和发电者之间的点对点交易。

同时，拥有可再生能源的电力用户也可以同时成为电力生产者和电力市场的交易者。

2. 解决中心化以及交易问题

区块链可以创建一个去中心化的实时能源市场，连接本地生产者和消费者，结合区块链和通信技术，可以让数百万的参与者之间更安全地交易和支付。通过连接本地的能源生产者（如有太阳能板的邻居）与本地的消费者，区块链使分布式的实时能源交易市场成为可能，如图 7-15 所示。

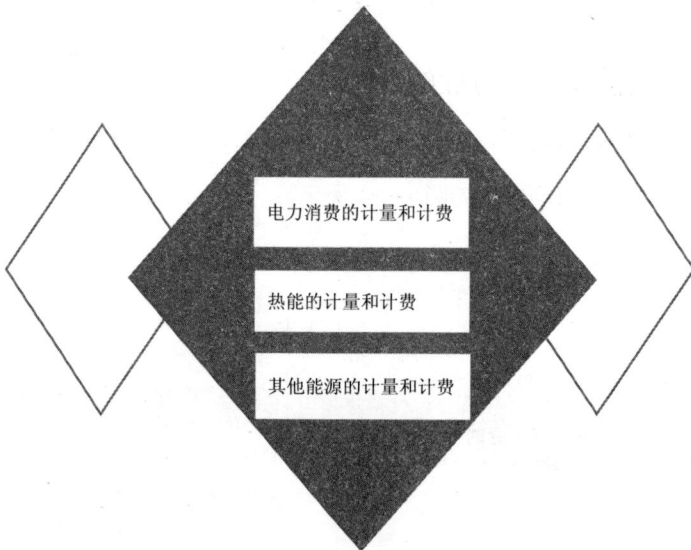

• 图 7-15

分布式的交易记录中记录着电力消费的计量和计费、热能的计量和计费以及其他能源的计量和计费，交易信息透明且安全。

3. 解决负载平衡问题

一个区块链驱动的市场也能增强电网安全性，刺激智能电网科技的应用发展，以自产新能源为基础、以电网调节为补充的现代化用电模式，带来了绿色环保理念的同时，也具有更高的安全可靠性。

消费者自产能源的方式为整个电网的负载平衡提供了更多的解决方案。电网方面可以通过经济激励的方式调动不同消费者自产能源的总量，从而更好地实现负载平衡。

引入了区块链技术的能源行业，不仅仅是在电力传输方面能够得到改善，还能够带动更多分布式电网基础设施，能够作为本地生产者在能源市场上进行交易这一点，会吸引更多资源投入赋能分布式电网的技术，包括智能电网装备、物联网装备和电动汽车。直接参与能源销售会带来更多的装机量，也就带来更多可输出电力。

电网越是分布式的，就越能可靠、高效地匹配能源供需，包括但不限于发送实时报价信息和减少昂贵的输配电基础设施开支。

7.4.3 Transactive Grid 能源传输项目

美国的区块链创业公司 LO3 与科技巨头西门子联合推出的 Transactive Grid 项目，便是一个基于以太坊的能源传输项目，LO3 公司因此也获得了美国专利商标局颁发的去中心化能源传输专利。

这个构建在以太坊技术上的智能微电网交易系统，实现点对点的能源交易和控制，也就是，将微电网中手机消费和发电数据其存储在区块链中。

该项目最大的亮点，就是参与该项目的客户能够把剩余的电力卖给其他人，为了便于分析，可以建立一个模型，如图 7-16 所示。

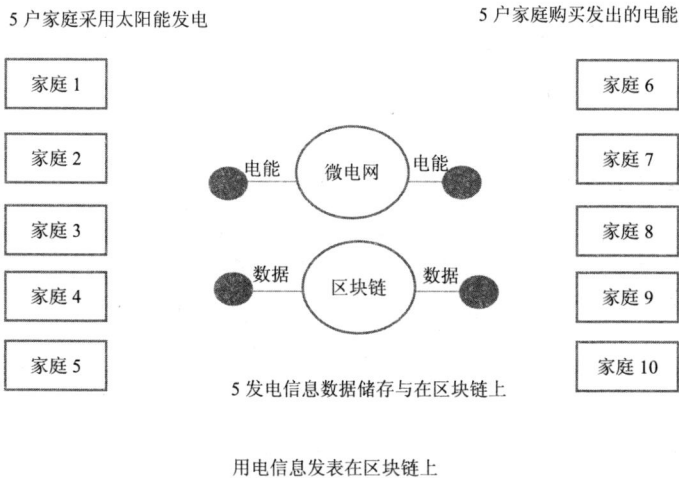

• 图 7-16

能源的交易采用点对点的方式，如图 7-16 所示，有 5 户家庭可以通过太阳能发电，将剩余的电力出售给另外的 5 户家庭，参与的家庭通过智能仪表进行连接和数据共享，追踪记录家庭使用的电量以及管理邻居之间的电力交易。

智能仪表数据，可以为管理系统创建代币，代表生产者和消费者太阳能电池板的剩余电量，这些代币就代表着可再生能源生产的一定数量的能源，并可以通过区块链智能钱包进行交易，而基于区块链网络的连接交易，不依赖任何第三方交易平台。

其实，早在 2016 年 4 月，首笔基于以太坊的电力交易就完成了，布鲁克林的居民艾瑞克·弗儒明（Eric Frumin）把自己的太阳能电池板产生的多余电能直接卖给了他的邻居鲍勃·索凯利(Bob Sauchelli)。

艾瑞克·弗儒明拥有的能源被计算并记录在以太坊区块链中，然后使用可编程的智能合约指令让这些能源能在公开市场出售。

如果邻居没有购买这些电能，产生的多余能源就以批发价格卖给电力公司，这样的智能能源交易系统要比传统的自上而下的能源配电系统更有效，也更节约成本。由此可见，区块链对于构建微电网系统的潜力和价值也是巨大的。

第 8 章

可设计的蓝图：区块链有望颠覆全世界

2018 年 4 月 3 日，在由世界区块链理事会 (WBC) 主办的世界区块链峰会上，真格基金海外投资首席顾问 Omer Ozden 在演讲中分享了他和俞敏洪、徐小平艰苦的创业经历，那时候互联网在中国的生存处境同今天的区块链一样，在初步发展的阶段面临着种种争议和问题。

但是，Omer Ozden 非常笃定中国的潜力，面对现阶段的区块链技术，Omer Ozden 将其比作一个成长迅速的 6 岁的孩子，对中国未来的区块链技术抱有希望。

本书第 4 章和第 5 章分别介绍了区块链与大数据的融合以及区块链在金融行业的应用，而本章将以大数据和金融为背景，进一步对区块链技术进行展望。

本章导读：
➤ 区块链与大数据实现技术新融合
➤ 智能合约和大数据，有望促进社会共治
➤ 区块链领跑金融新趋势
➤ "互联网＋"与"区块链"共同打造新金融

8.1　区块链与大数据实现技术新融合

关键词：区块链、大数据、技术融合

主要内容：大数据时代，应用大数据的领域越来越多，今后将会结合区块链技术共同发展

区块链与大数据的共生发展，一方面，区块链为大数据提供安全保护，另一方面，区块链技术也需要大数据的辅助。

在未来，区块链与大数据将迎来更好的技术融合，尤其是在数据的开发、分析与交易，以及数据周期的维护、数据与智能合约的开发与利用等方面。

8.1.1　区块链融入数据开发、分析与交易

在本书第4章曾介绍过区块链与大数据之间共同开发的关系，但是，这还有待继续研究。

具体而言，如果将区块链简单地看作一种分布式数据库存储技术，其实就是一种底层技术支持的数据结构和接口，并提供一套与开发语言无关的标准应用程序接口（API）和开发者工具（SDK）。

不同时间、不同技术和不同语言开发的各类应用和相应的操作型数据库，都可以通过不太复杂的步骤将重要信息写入区块链，并可以从区块链上获取已有的信息。

区块链技术融入数据的应用，主要体现在两个步骤中，如图8-1所示。

比如，在政府或者行业联盟，区块链技术能够使数据形成关键信息的完整、可追溯、不可篡改并多方信任的数据历史。

比如，某些企业违反环保规定，采用违法的行为减少生产成本，在夜间关掉环保设备而偷偷排放污染物。

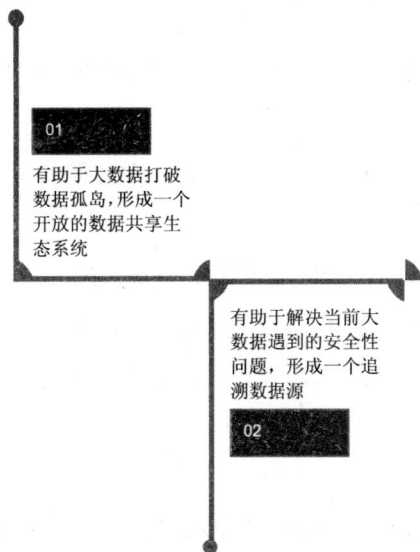

01

有助于大数据打破数据孤岛，形成一个开放的数据共享生态系统

有助于解决当前大数据遇到的安全性问题，形成一个追溯数据源

02

● 图 8-1

　　针对这种现象，虽然政府相关部门布置了很多监控传感器，但传感器的数据可能会被事后修改，难以达到有效的监督力度。

　　但是，如果所有环保设备和相应监控传感器的数据都被实时写入区块链，则这些数据无法被篡改，并以分布式的存储形式存储在全网的不同节点，也就是改变了传统的传感器应用，以此产生的监管也就更加有力。

　　数据隐私保护一直是大数据发展的一个障碍，如图 8-2 所示。

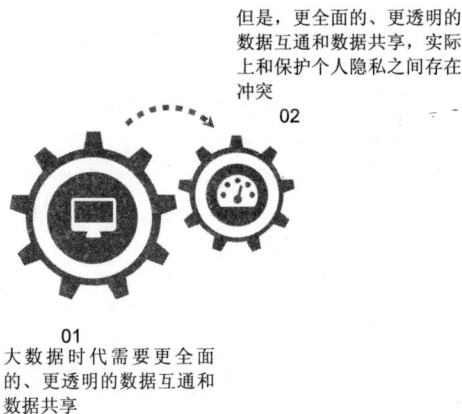

但是，更全面的、更透明的数据互通和数据共享，实际上和保护个人隐私之间存在冲突

02

01
大数据时代需要更全面的、更透明的数据互通和数据共享

● 图 8-2

虽然大数据的发展趋势使对大部分类型数据的精确性要求降低了，但是对于某些追求正确准确的重要数据，把不可篡改的、可追溯的区块链作为数据源就很有必要了。

区块链的去中心化和可追溯性，能够使数据的保护获得前所未有的提升。

例如，颁布互联网金融监管新措施，要求对同一单位或个人在所有互联网金融平台上的融资上限进行监管。如监管部门通过区块链网络，把同一主体在所有互联网金融平台的贷款余额作为重要数据记录下来，并和其他大数据信息一起分析，就可以有效地进行监管，各类商业机构也可以有效控制自己的风险。

区块链的加密技术能够让那些获得授权的人才能对数据进行访问。因为数据统一存储在去中心化的区块链中，所以，能够在不访问原始数据的情况下进行数据分析，既可以对数据的私密性进行保护，又可以安全地提供社会共享。

8.1.2 打造区块链网络平台

在现有的大数据系统中，可以运用区块链技术打造一个网络平台，如图 8-3 所示。

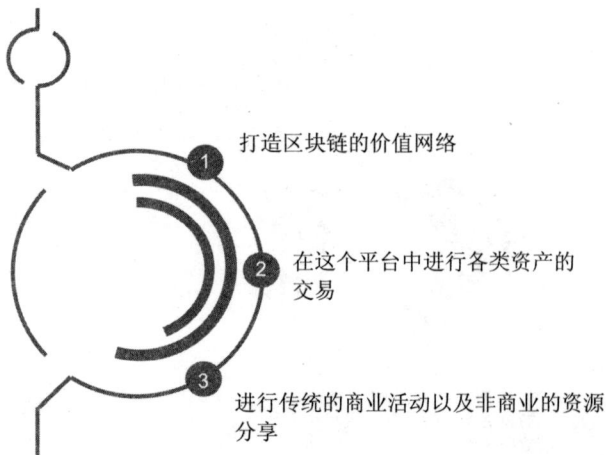

● 图 8-3

即使用区块链的去中心化技术，搭建一个去中心化的、分布式的网络平台，在这个平台中进行各类资产的交易，让不同的交易主体和不同类别的资源跨界交易成为现实，在拥有信用和资产的前提下，不仅可以进行传统的商业活动，还可以进行非商业的资源分享。

就如同如今的互联网技术，区块链也有望成为价值互享的基础设施，人们也能够像连接、使用互联网一样，在区块链的网络平台上进行连接，将交易活动放置在区块链中，共享供应链信息，并进行智能生产，不用担心更多的安全性问题，即使是陌生人，也可以基于区块链上的可信记录进行交易和合作。

在这个区块链网络，区块链既成为各类经济活动的基础设施，同时也是各类数据产生的源头。区块链从技术层面不仅可以提供不能篡改的数据，同时也提供了不同来源、不同角度和维度的数据。

8.2 智能合约与大数据，有望促进社会共治

关键词： 智能合约、大数据、区块链技术

主要内容： 区块链技术中的智能合约，将应用到大数据中，两者结合有利于促进社会的共治

大数据时代不是一蹴而就的，而是在经历了小数据时代之后才逐渐发展而来，大数据时代的云计算和数据库技术的开发和应用，能够更全面地采集数据，对数据起到预测的作用，而区块链技术，则有助于将大数据的预测数据落实成功。

8.2.1 小数据时代的"随机调研数据"

在小数据时代，由于缺乏获取全体样本的手段，人们发明了"随机调研数据"的方法。

这种"随机调研数据"的方法，在理论上是抽取样本越随机，就越能代表整体。但随机调研数据的方法存在一个问题，就是获取一个随机样本代价

极高，并且非常费时。

人口调查就是典型一例，即使一个大国做不到每年做一次人口调查，因为随机调研实在是太耗时费力。

8.2.2 大数据预测，区块链变现

有了云计算和数据库以后，获取足够大的样本数据乃至全体数据就变得非常容易了。比如，谷歌可以提供谷歌流感趋势的原因就在于它几乎覆盖7成以上的北美搜索市场，已经完全没有必要采用抽样调查的方式来获取数据，只需要对大数据记录仓库进行挖掘和分析。

不过这些大数据样本也有缺陷，实际样本不等于全体样本，依然存在系统性偏差的可能。但是，大数据对数据的预测作用，还是值得借鉴的，如图 8-4 所示。

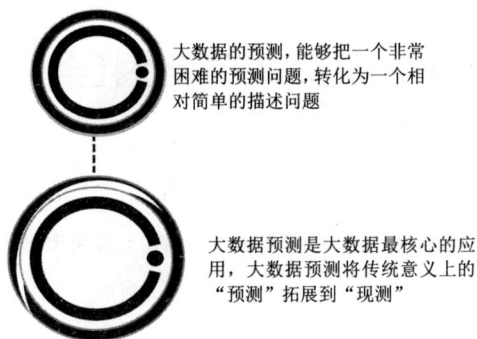

大数据的预测，能够把一个非常困难的预测问题，转化为一个相对简单的描述问题

大数据预测是大数据最核心的应用，大数据预测将传统意义上的"预测"拓展到"现测"

● 图 8-4

如今，随着数字经济时代的发展，大数据能够处理越来越多的现实预测任务。

区块链技术能够通过智能合约，通过 DAO（一个数据访问接口，适用于单系统应用程序或小范围本地分布使用）、DAC（数字模拟转换器，是一种将数字信号转换为模拟信号的设备。在很多数字系统中，信号以数字方式存储和传输，而数字模拟转换器可以将这样的信号转换为模拟信号，从而使得它们能够被外界识别）、DAS（开放系统的直连式存储，通过建立 DAS 模型把用户的数据存放在数据库服务提供端，并让它们通过网络使用数据库管理

系统，不仅可以防止外部攻击者对重要数据的窃取或篡改）来自动运行大量的任务，帮助把这些预测落实为行动。

比如，在社会治理中，地方政府作为资源供给方，在进行诸如精准扶贫、社会服务外包、公益管理、养老等方面，都可以通过区块链作为中介，通过大数据作为公共产品需求者的精准分析工具，通过智能合约为标准化的公共产品提供自动流程。

若是有志于公共服务的个人和团体与有需要的人群对接，政府则通过区块链将相应的需求内容和服务情况记录下来，而这一过程不仅透明、可审计，而且通过智能合约，还可以减少人为干预和冗长的审批环节。

大数据与智能合约的相互配合，具体以图 8-5 为例。

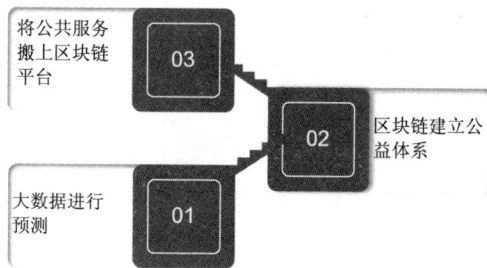

• 图 8-5

通过大数据分析精确定位和归因不同的贫困户及需要帮扶的群众后，在区块链上搭建的公益积分体系，以公益积分的形式回馈给服务供方，并且逐步打通各方商业机构，从而拓宽公益积分的兑现和使用范围，同时计划逐步将各政府部门的公共服务搬上区块链平台，提供高效、透明和可审计的记录。

综合来说，"区块链 + 大数据"联手拥有资源的地方政府，可以让与人民大众日常生活息息相关的公共服务流程变得精准、透明、公平和高效。

其中，政府和市场各自都发挥自己的强项，大数据提供预测作用，区块链将预测变成现实，通过对全量数据的扫描和精确分析，并与陌生多方信任的区块链网络和自动执行的智能合约相结合，能够提供更多的服务。

8.3 区块链领跑金融新趋势

关键词： 区块链、金融、趋势

主要内容： 世界各国纷纷加入研究区块链技术，并已取得了客观的融资，我国也正在加快区块链的研究步伐

本书第 5 章阐述了互联网金融的局限，定义了新金融的概念，并引出了区块链，可以说，在区块链的创新和应用探索中，金融是最主要的应用领域，现阶段区块链主要的应用探索和实践，也都是围绕金融领域展开的。

比如，区块链技术应用已经开始衍生到数字资产交易、网络支付、股权众筹、互联网征信等多个领域。

但是，目前区块链的应用还远远谈不上普及。市场上出现的产品大多是某些企业小规模的场景应用，这些项目整体的行业影响力还是比较弱。区块链行业亟待出现突破性应用，以带动新金融行业的发展。

8.3.1 世界各国将区块链技术引入金融行业

区块链技术曾被认为是继蒸汽机、电力、信息和互联网之后最具潜力触发第五轮颠覆性革命浪潮的核心技术，能够在新经济、新金融领域带来巨大的经济影响。

世界上很多国家早就开始布局区块链关键技术的研究与应用开发，英国于 2016 年 1 月将区块链列为国家发展战略；美国最早批准在金融机构纳斯达克对区块链技术进行系统测试和应用；日本建立了区块链行业组织，并于 2016 年 7 月将区块链的应用落地缅甸；而新加坡金融管理局从资金、政策等方面大力支持建立世界最大的金融科技园。

根据相关数据调查，截至 2017 年 4 月底，全球在开展区块链技术研究方面获得的融资情况，如图 8-6 所示。

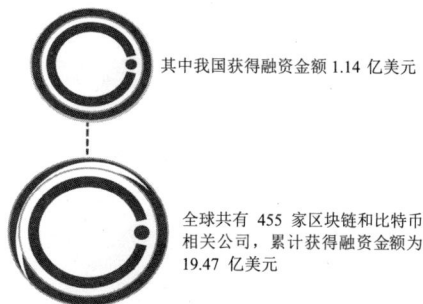

其中我国获得融资金额 1.14 亿美元

全球共有 455 家区块链和比特币相关公司，累计获得融资金额为 19.47 亿美元

• 图 8-6

从我国区块链技术获得的融资金额来看，我国也正在加入区块链与金融共同发展的领域，我国拥有区块链初创企业约 150 家，中关村等北京地区约有 30 余家（不包含数字货币及相关交易所），11 家区块链初创企业获得风险投资，投资额总计约 2.26 亿元。

8.3.2 区块链新金融实验室致力研究区块链新金融项目

正因为区块链技术在新金融领域具有长远的开发意义，为了积极推动中关村区块链产业的健康发展，服务于中关村打造全国科技创新中心、国家科技金融创新中心的战略目标，中关村众筹联盟于 2017 年 6 月联合中关村大河资本、北京股权交易中心、北京股权登记管理中心、网录科技等多家单位，联合发起成立了区块链新金融实验室。

该实验室主要的研究内容，如图 8-7 所示。

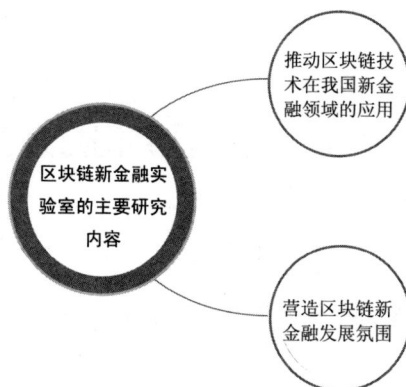

区块链新金融实验室的主要研究内容

推动区块链技术在我国新金融领域的应用

营造区块链新金融发展氛围

• 图 8-7

1. 推动区块链技术在我国新金融领域的应用

该实验室将重点跟踪研究国外先进的区块链技术在新金融领域的创新趋势，积极推动区块链技术在我国新金融领域的示范应用。

2. 营造区块链新金融发展氛围

该实验室还通过行业调研、专题研讨、应用培训、投融资对接、社群互动、示范应用展示等多种形式，营造区块链新金融生态在中关村创新引领发展的良好氛围。

2017 年 7 月 19 日，由中关村众筹联盟、区块链新金融实验室主办，太库科技创业发展有限公司协办的 2017 区块链新金融论坛暨中关村众筹联盟成立两周年大会在北京举行。

该论坛围绕区块链技术的应用与推广进行了讨论，目的是将区块链技术融入新金融领域，将区块链技术应用到互联网金融乃至整个金融业的关键底层技术设施，进而推动区块链技术在金融行业的广泛应用。

在金融领域中，区块链技术在数字货币、支付清算、智能合约、金融交易、互联网金融等多个方面有着非常广阔的应用前景。

继 2017 年区块链得到了良好的发展后，在 2018 年区块链更加以"爆炸"的速度传播，2018 年 3 月，我国工信部发布《2018 年信息化和软件服务业标准化工作要点》，提出推动组建全国信息化和工业化融合管理标准化技术委员会、全国区块链和分布式记账技术标准化的要求。

正因该政策的出现，我们相信，在 2018 年区块链技术在金融行业的探究和发展将进一步加快。

8.4 "互联网 +"与"区块链"共同打造新金融

关键词： 区块链、互联网 +、新金融

主要内容： 基于我国对新金融领域的重视，"互联网 +"将助力区块链，共同打造新金融

区块链是重塑金融经济体系的有效技术手段，其中去中心化、共识机制、

分布式结构的技术，有利于维护信息安全，这与"互联网＋"时代下的新金融相辅相成。

下面就基于区块链的发展现状和趋势，结合"互联网＋"的特点，分析创新新金融模式的优势。

8.4.1 "互联网＋"双向创新新金融

随着新一代信息技术的综合应用，引导着"互联网＋"与金融领域的深度融合。无论是横向的融合还是纵向的融合，新金融所表现出的业务模式都更加的多元化，如图 8-8 所示。

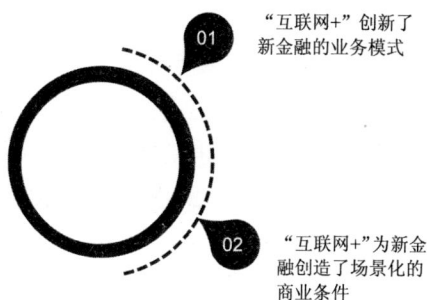

01 "互联网＋"创新了新金融的业务模式

02 "互联网＋"为新金融创造了场景化的商业条件

● 图 8-8

1. "互联网＋"创新了新金融的业务模式

随着互联网的开发与应用，我国逐步进入"互联网＋"驱动的时代，互联网金融与传统产业将深度融合，包括金融行业、农业、文化行业、医疗在内的各种传统行业，将形成农业金融、文化金融、科技金融、生态金融等业态，这些金融方式会提供和创新出多样化、多层次的金融服务模式。

2. "互联网＋"为新金融创造了场景化的商业条件

互联网金融一般是熟传统金融机构将线下业务搬到线上，而"互联网＋"的业务创新更是采用了线上线下相结合、实体与虚拟体系相结合的业务方式，不断创新发展模式，创造场景化的商业条件。

8.4.2 区块链与"互联网＋"共同创造新金融

区块链技术应用到新金融领域，有以下几点优势，如图 8-9 所示。

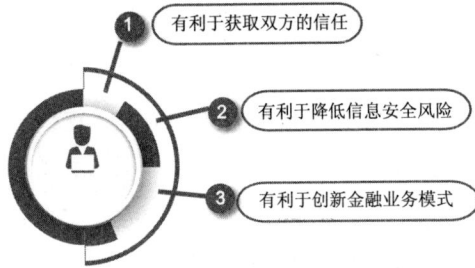

① 有利于获取双方的信任

② 有利于降低信息安全风险

③ 有利于创新金融业务模式

● 图 8-9

1. 有利于获取双方的信任

新金融浪潮在全球范围内改变了传统金融的业务模式，但当前直销银行、互联网保险、互联网券商等平台的重点还是在渠道的争夺、经营模式的改变上，而区块链有望将金融业的发展推向更加深入、更加本质的层面，即信用模式的改变。

从区块链技术上来看，在技术识别能力足够的情况下，区块链能让交易双方无须借助第三方信用中介开展经济活动，完全实现交易双方之间的信息公开共享，从而实现全球低成本的价值转移，同时，还能够保证所有交易信息的公开透明。

2. 有利于降低信息安全风险

在分析区块链技术有利于降低信息安全风险之前，需要介绍一个重要的词语——B\S 模式，如图 8-10 所示。

这种模式统一了客户端，将系统功能实现的核心部分集中到服务器上，简化了系统的开发、维护和使用的实现

02

01

B\S模式（B\S，即Browser/Server，即浏览器和服务器模式）是网页兴起后的一种网络结构模式

● 图 8-10

基于 B\S 模式，客户机上只要安装一个浏览器，如 Netscape Navigator 或 Internet Explorer，服务器安装 SQL Server、Oracle、MYSQL 等数据库。浏览器通过 Web Server 同数据库进行数据交互。

而当前 B\S 结构大多数或主要的业务逻辑都存在服务器端，因此，B/S 结构的系统不需要安装客户端软件，它运行在客户端的浏览器上，系统升级或维护时只需更新服务器端软件即可。

不过，采用 B/S 结构的客户端只能使用浏览、查询、数据输入等简单功能，绝大部分工作由服务器承担，这使得服务器的负担很重。

除此之外，当下 B\S 结构模式的互联网金融平台在实际业务运行过程中面临着多方面的风险，基于区块链技术的新金融业务系统，充分利用区块链技术的特点构建一个完全自治的系统，它采用 P2P 网络的方式分布式存储，不存在中心处理节点，不需要任何机构或个人维护整个系统，因此不会出现中心模式下的网站安全性问题。

3. 有利于创新金融业务模式

区块链的应用不仅仅是技术和制度的问题，也是社会体制的问题，区块链与金融结合的机制，给当前的金融行业，尤其是依托信息技术而产生的新金融行业带来了发展机会。

而互联网推动的金融新生态新时代才刚刚起步，金融业态出现了许多新的技术和新的模式。

特别是在各种金融科学技术下，特别是类似区块链的创新技术，已经成为主流金融机构战略部署的首要任务，这些技术将成为金融机构下一步发展的核心驱动力。

8.4.3　新金融将完善金融生态圈

随着"互联网 +"与区块链的渗入，新金融将通过如图 8-11 所示的方式，充分整合各类资源，完善金融生态圈。

1. 促进服务内容多元化

如今，互联网金融发展的平台越来越多，其内容也越来越丰富，但缺少的是将所有相关业务融为一体的全面性综合服务，"互联网 +"与区块链技术的融合，可以实现将所有相关业务融为一体的全面性综合服务的新金融理念。

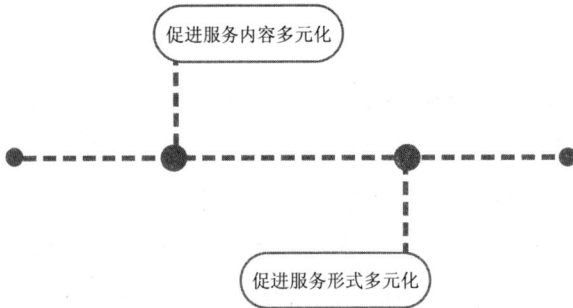

● 图 8-11

比如，客户可以在手机上通过建立综合账户集成客户所有的金融资产，满足客户投资、消费、支付、理财、信贷、保险等一站式金融业务服务需求。

基于这种金融业务的服务需求，商业银行将现有业务与在线金融中心、电子支付平台、电子商务以及移动金融等众多业务模式加以整合和创新，为客户提供综合性的新金融服务。

2. 促进服务形式多元化

新金融促使传统金融业务与互联网技术融合，通过优化资源配置与技术创新，向专业化、垂直化、细分化和个性化的方向发展，产生出新的金融生态、金融服务模式与金融产品。

我们相信，互联网公司将参与开发金融或类金融（类金融是指零售商与消费者之间进行现金交易的同时，延期数月支付上游供应商货款，这使得其账面上长期存有大量浮存现金。综合来说，是零售商从消费者手中拿到钱并且需要不支付消费者利息，用来自己扩张的一种金融模式）产品，如在线旅游、垂直门户金融等，互联网金融商业模式也将更加丰富，保险、基金等产品向细分化、简约化方向发展，以满足单一的、个性化的需求，真正实现新金融服务形式的多元化。

第9章

可预计的未来：下一个数字时代的新框架

区块链技术除了在大数据与金融领域有着广阔的开发前景，在商业应用以及人们的日常生活中也有着广阔的开发前景。

尤其是数字经济时代与共享经济时代，更需要借助区块链去中心化、共识机制、分布式结构以及智能合约的技术，实现真正的数字化社会和共享社会。

同时，在物联网时代以及能源互联网时代，更需要发挥区块链中心化、共识机制、分布式结构以及智能合约的技术，这方面还有待人们继续深入的研究、开发与使用。

本书第6章和第7章分别介绍了区块链技术在数字经济、物联网等方面的应用，而本章将进一步对区块链技术在数字经济、物联网等方面的前景进行展望。

本章导读：

➤ 区块链将引领数字经济变革

➤ 区块链技术将参与下一代物联网架构

➤ 区块链将缔造一个崭新的共享经济

➤ 区块链中的未来能源互联网

9.1 区块链将引领数字经济变革

关键词： 区块链、数字经济、京东集团

主要内容： 我国正在进入数字经济的时代，区块链技术将进一步推动我国数字经济的快速发展

在数字经济领域，网络购物、移动支付、共享单车等数字经济模式，已经进入到一部分人的生活和工作中，我国也正在从数字经济的跟跑者、并跑者逐渐变成领跑者。

但是，我国数字经济的发展还有广阔前景和领域待开发和使用，区块链技术的开发和应用，有望助力我国数字经济的变革。

9.1.1 数字经济逐渐渗入到人们的日常生活中

越来越多的中国人，早晨起来的第一件事是拿出手机打开电饭锅的自动煮饭模式，或者是打开咖啡机的自动煮咖啡模式，随后打开微信或者是微博浏览，等到听见电饭锅或者是咖啡机发出"叮"的声音时，起来吃早饭，在吃早饭的时候又拿出手机叫出租车。

中午的时候，拿出手机点外卖作为午餐，享受便捷午餐的同时处理微信转账事务、支付宝还款事务，午餐结束的同时，这些事情也结束。下午要召开会议，又拿出手机预约专车接送服务。

像这样的生活方式已经在很多中国人身上实现，表明了我国数字化经济正在快速地发展。

若是将这些数字化的生活用数据进行统计，就能够看出我国数字经济的使用现状。

比如年数字经济规模大，《中国互联网发展报告 2017》和《世界互联网发展报告 2017》显示，2016 年中国数字经济规模总量达 22.58 万亿元，跃居

全球第二，占 GDP 比重达 30.3%。

再比如天数字经济使用率高，同样根据《中国互联网发展报告 2017》和《世界互联网发展报告 2017》显示，2016 年中国数字经济每天产生 50 亿次百度搜索点击、每天 1.75 亿笔支付宝交易。

22.58 万亿元、50 亿次、1.75 亿次等这些海量数据，证实了数字经济的强大影响力。

不可否认，在我国微信、微博远不只是通信软件这么简单，它们日益成为一种经济生活方式。用户平均每天的使用时间超过 1 个小时，移动互联网日益丰富的数字化应用场景，让人不得不信服微信、微博等社交软件带来的数字经济发展潜力。

数字经济覆盖的领域越来越多，网络购物、移动支付、共享单车等数字经济模式，正在被我们认可和使用。

9.1.2　区块链助力数字经济发展

有些专业人士认为，区块链的最大价值是数据的确权，因为在传统的互联网中无法证明发布的数据是由谁创造的。

但是，区块链的不可篡改的特性，可以帮助数据创造者在互联网中确定数据的所有权和价值，而这一点，就是从数据互联网转型到价值互联网的一个基础。

而区块链对数字经济的发展具有辅助作用，如图 9-1 所示。

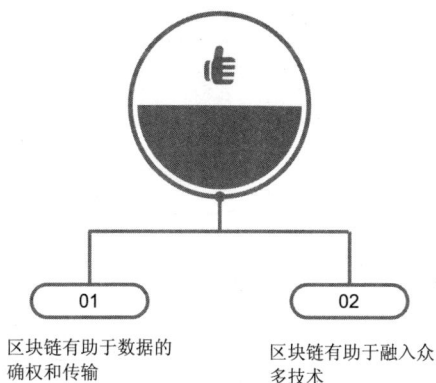

01
区块链有助于数据的确权和传输

02
区块链有助于融入众多技术

● 图 9-1

区块链技术原理及应用

1. 区块链有助于数据的确权和传输

区块链是一种去中心化的分布式账本数据库，其独特的优势有数据的确权使用、价值的高效传输等。

2. 区块链有助于融入众多技术

区块链技术也是未来数字经济时代新型基础设施的技术基础，因为区块链集成了点对点网络传输等众多前沿科技，融入了物联网、云计算、大数据等新一代的信息技术，在数字经济领域的发展前景非常深远。

区块链作为第一个大规模实践去中心化模式的先驱，已被写入我国《"十三五"国家信息化规划》，有望成为未来价值传输的互联网基础技术，也有望引领数字经济的变革。

区块链的技术已经被应用到了数字经济领域，区块链技术的发展也使得数字经济作为一种新的经济形态成为经济社会发展的主导，让价值流动更加高效。

可以说，区块链技术刷新了互联网的交易方式和交易结构，以去中心化、分布式结构重新定义了整个社会的交易方式和交易结构。

区块链技术在数字经济领域，可以得到很多应用，如图9-2所示。

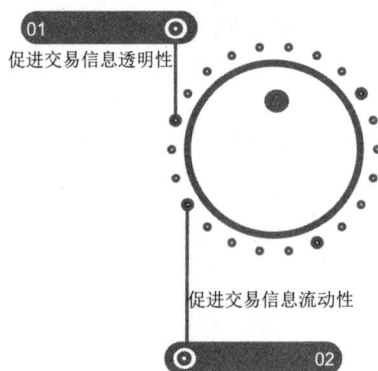

01 促进交易信息透明性

促进交易信息流动性

02

● 图 9-2

1. 促进交易信息透明性

我们可以透明、安全、数字化地追踪交易前、交易中、交易后的资产所有权，让交易信息更加透明化。

2. 促进交易信息流动性

应用区块链技术，也让我们的日常支付、股票交易、信用贷款等行为产生明显的流动性变化，为数字经济的发展带来新方式。

9.1.3 京东将在数字经济领域开展区块链技术的应用

2018 年 3 月 22 日，京东集团正式发布区块链方案白皮书，称将以区块链为"链接器"，结合自身在云计算、大数据、人工智能、物联网等新技术上积累的经验，构建一体化的智慧供应链体系、零售网络和金融科技，拉近商品与客户的距离，在无界零售的集团战略指引下，全面开放自身的区块链技术积累。

同时，京东区块链方案白皮书显示，在 2016 年的时候，京东集团就全面启动了区块链技术在京东业务场景中的应用探索与研发实践，先后在数据交易、供应链管理、金融科技等领域进行了实践，并落地了不同的区块链应用，在实践的过程中，不仅积累了大量的区块链部署经验与底层技术研发能力，而且还将继续开发和使用区块链技术。

京东认为区块链技术在以下三个方向存在引领数字经济变革的巨大的应用机会，如图 9-3 所示。

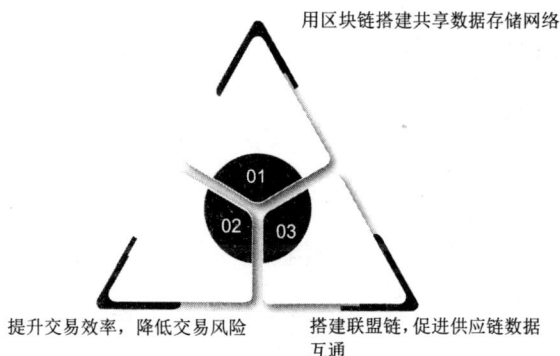

● 图 9-3

1. 用区块链搭建共享数据存储网络

区块链具有存储数据、共有数据、分布式、防篡改与保护隐私、数字化合约等技术，这些技术符合京东区块链技术实践白皮书项目的核心特征。

基于区块链技术特征，部署跨主体间的区块链联盟链节点和桥接，用区块链技术搭建一张社会化的共享数据存储网络，有机会以客观的技术手段来解决跨主体的信任问题。

2. 提升交易效率，降低交易风险

与传统的交易方式相比，区块链技术能够做到去中心化，交易过程中数据和价值的传递或转移更加快速和安全，同时，基于区块链智能合约等多种模式的商业交易，可以大幅减少数据核实的环节和降低成本，又能将商业交易的风险降低，从而使得交易更具确定性。

3. 搭建联盟链，促进供应链数据互通

区块链技术可以搭建供应链全流程节点共同维护的联盟链，在联盟链中建立数据维护的参与规则与激励机制，能够为参与的企业和消费者带来便利，如图9-4所示。

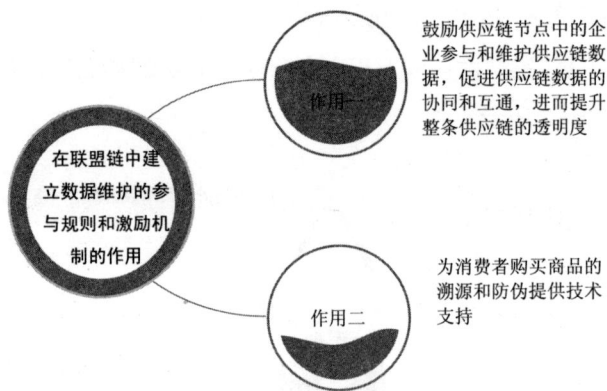

鼓励供应链节点中的企业参与和维护供应链数据，促进供应链数据的协同和互通，进而提升整条供应链的透明度

在联盟链中建立数据维护的参与规则和激励机制的作用

作用一

作用二

为消费者购买商品的溯源和防伪提供技术支持

●图9-4

运用区块链技术推动价值大数据的记录、流动和交换，线上的企业与线下的消费者通过联盟链进行数据互通，有利于推动数字经济的进一步发展。

总体来看，在数字经济领域，我国正从跟跑者、并跑者逐渐变成领跑者，党的十九大也提出要建设网络强国、数字中国、智慧社会，推动互联网、大数据、人工智能和实体经济深度融合，在创新引领、共享经济等领域培育新增长点、形成新动能，为我国数字经济的发展带来新动力。

正因为数字经济被认为是近期发展最快、创新最活跃、辐射最广的经济

活动，所以，作为数字经济发展的辅助技术——区块链，将结合"互联网+"、大数据、人工智能等技术，进一步助力数字经济的发展和变革，争取早日实现真正的数字经济。

9.2 区块链技术将参与与下一代物联网架构

关键词： 区块链技术、物联网、沃尔顿链

主要内容： 区块链技术有助于价值物联网的开发和使用，而"沃尔顿链"正在实施"沃尔顿链"项目

近几年，互联网发展进入"互联网+"的新行态，这种新行态推动下的"互联网+各个传统行业"的经济社会发展新形态，为各行各业的改革、创新、发展提供了广阔的网络平台。

当前，信息化时代进入空前重要的发展阶段，互联网能够实现"物物相连"，物联网时代，让所有能行使独立功能的普通物体实现组成互联互通的网络，它通过网络技术将传感器、控制器和客观实体连通起来，实现智能化管理和控制。

例如通过射频识别（RFID）、红外感应器、全球定位系统、激光扫描器等信息传感设备，按约定的协议把任何物品与互联网连接起来，进行信息交换和通信，以实现智能化识别、定位、跟踪、监控和管理。

物联网的这种连接方式，实现了数据在信息世界的全生命周期的流通管理。但是，物联网技术也面临着许多问题和挑战，比如传感器数据的采集缺乏标签身份认证，中心化存储的数据风险高，物联网金融领域应用的安防成本太高，这些问题有可能成为物联网在未来发展和应用的巨大障碍。

未来想要真正实现价值物联网，少不了与区块链技术的融合，这里介绍几个已经应用了区块链技术的物联网项目。

9.2.1 沃尔顿与"沃尔顿链"

"沃尔顿"三字源于查理·沃尔顿（Charlie Walton），查理·沃尔顿生于

美国加州，是 RFID 技术的发明人，RFID（Radio Frequency Identification）技术，即射频识别，又称无线射频识别，是一种通信技术，俗称电子标签，可通过无线电讯号识别特定目标并读写相关数据，而无须识别系统与特定目标之间建立机械或光学接触。这里，可以从不同的角度解析 RFID，如图 9-5 所示。

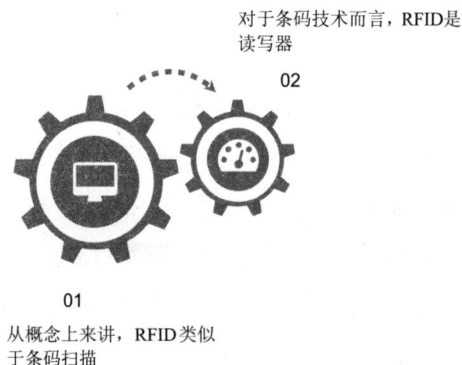

对于条码技术而言，RFID是读写器

02

01

从概念上来讲，RFID 类似于条码扫描

● 图 9-5

也就是说，从概念上来讲，RFID 类似于条码扫描。

条码技术是将已编码的条形码附着于目标物，并使用专用的扫描读写器，利用光信号将信息由条形磁传送到扫描读写器。

而 RFID 则使用专用的 RFID 读写器及专门的可附着于目标物的 RFID 标签，利用频率信号将信息由 RFID 标签传送至 RFID 读写器。

查理·沃尔顿一生致力于研究 RFID 技术，早在 1973 年他就获得了第一项涉及 RFID 技术的专利，并最终积累了 50 余项的发明专利，开创了 RFID 事业的新纪元，对人类 RFID 事业的发展做出了卓越贡献。

如今，RFID 技术在全球的普遍应用，从身份识别到高速路计费再到手机支付、信用卡支付等，到处都有 RFID 的身影。

2011 年 11 月 30 日，查理·沃尔顿离世，而 2016 年 11 月 30 日，查理·沃尔顿逝世 5 周年的时候，为纪念这位伟大的 RFID 技术的发明人，特订立本项目以查理·沃尔顿的名字将其命名为"沃尔顿链"（"Waltonchain"）。

相对来说"沃尔顿链"对保障交易数据的安全性，有借鉴作用。这主要得益于"沃尔顿链"的交易流程中引入了区块链技术，即"沃尔顿链"总共发行 1 亿个，在创世块中被创设，然后按既定的方案分配到各账户，在之后的交易中总量保持不变。通过去中心化网络，更多的账户将通过节点被创建，"沃尔顿链"交易也将在账户间大量进行。每隔 60 秒，当前时段发生的交易将被记录到区块，链接到前一个区块，形成沃尔顿母链，作为 WTC 交易的公共账本，分布式存储于网络中的各个节点，保障交易数据的安全可靠。

正是"沃尔顿链"的去中心化、分布式的特点，在未来，RFID 技术的飞速发展对于物联网领域的进步具有重要的意义。

9.2.2　"沃尔顿链"与价值物联网

2018 年 1 月 28 日，"沃尔顿链"项目主办了"物联革命，芯享未来"区块链应用趋势展望论坛，在此次论坛上，各方专业人士就区块链未来应用前景发表了自己独到的见解，并对价值物联网开创物联网发展进行了设想和预想。结合该论坛的主要内容，本文进行引用和分析，进一步的理解区块链技术在价值物联网上的应用。

"沃尔顿链"介绍了 RFID 技术和区块链技术引领的价值物联网，可以给如今面临的物联网发展问题提供解决方案。

也就是说，通过以 RFID 芯片为核心构筑的底层硬件平台，将现实世界中的物品标签、事件标签、人物身体标签等实体标签与互联网的虚拟世界进行连通，并结合区块链技术这条传递价值、构造信任的纽带，以此实现真正意义上的万物互联。

"沃尔顿链"作为区块链物联网的领导者，提出了"价值物联网"这一具有划时代意义的新概念，"沃尔顿链"将搭建一个诚实可信的商业生态，让企业可以根据自己的应用需求建立各式各样的子链。

这条商业生态链的主要特征是所有的数据（含物权归属数据，商品流转数据等）真实可信，不可篡改，带有时间戳，如此就能建立一个诚信、真实、可靠的商业生态圈。

价值物联网的整体系统可分为图 9-6 中的两大部分。

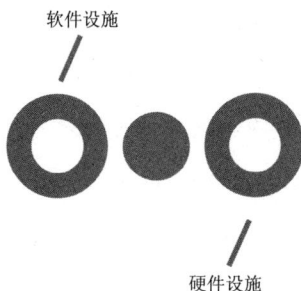

软件设施

硬件设施

● 图 9-6

软件设施包含"沃尔顿链"（Waltonchain）的软件系统、智能合约与Waltoncoin。

而硬件设施包含 RFID 标签芯片部分和 RFID 读写器芯片部分，RFID 标签作为所有资产上链的接口，读写器部分是所有资产上链的桥梁，并可作为链上的一个节点。

通过软设施与硬件设施的结合，能够让价值物联网实现万物上链，所有资产的数字化。

"沃尔顿链"作为区块链物联网的领导者，提出了"价值物联网"的概念，同时，还将推进区块链技术由互联网向物联网贯通，打造真实可信、可溯源、数据完全共享、信息完全透明的商业模式。

为了实现这一设想，"沃尔顿链"提出了四个阶段性规划，如图 9-7 所示。

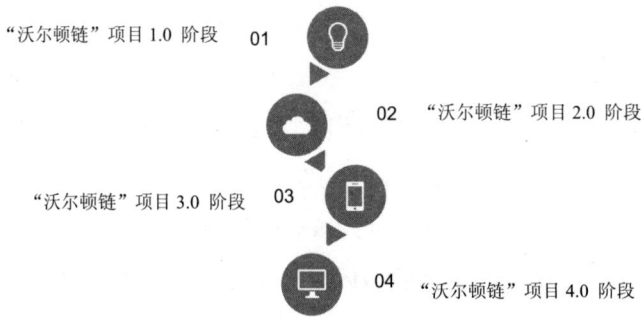

"沃尔顿链"项目 1.0 阶段　01
02　"沃尔顿链"项目 2.0 阶段
"沃尔顿链"项目 3.0 阶段　03
04　"沃尔顿链"项目 4.0 阶段

● 图 9-7

1."沃尔顿链"项目 1.0 阶段

"沃尔顿链"已经开发出基于 RFID 技术的服装系统集成方案，此方案在才子服饰、卡尔丹顿等企业进行了试点应用；并研发拥有自主知识产权的 RFID 信标芯片，芯片在传统 RFID 芯片上创新地集成非对称加密算法，可望实现物联网与区块链的完美结合，目的是解决传统服装行业从仓储、物流到门店、售后中出现的问题。

2."沃尔顿链"项目 2.0 阶段

通过"沃尔顿链"灵活而强大的 Token 创建和交易功能，能够实现智能积分系统，集合支付、赠送、同币交易、跨币交易的完备功能；通过优化的区块链数据结构设计，实现商品采购、配送、入库盘点、出库、门店、上架盘点、销售、客户购买、客户评价、客户售后完整信息上链。

若是将 Token 创建、交易功能与区块链数据结构相结合，那么，"沃尔顿链"项目 2.0 阶段有利于三个主体的发展，如图 9-8 所示。

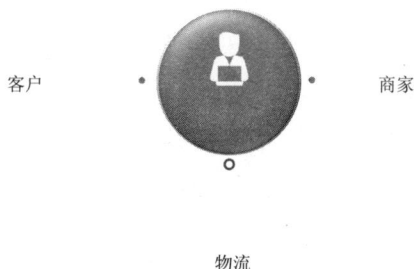

客户　　商家

物流

• 图 9-8

若是将 Token 创建、交易功能与区块链数据结构相结合，客户能够对商品进行追溯；商家也能够实现自动化管理，全面的掌握市场动态；而物流行业能够实现自动化管理的信息平台，打造真正的上门提货、定价出单、包装入库、分拣配送、仓库管理、分拣派送、客户签收、客户评价反馈的完整业务流程。

真正地实现客户、商家、"沃尔顿链"三赢战略。

3. "沃尔顿链"项目 3.0 阶段

这一阶段的目的主要是实现智能化管理，这一阶段主要分为以下几个流程，如图 9-9 所示。

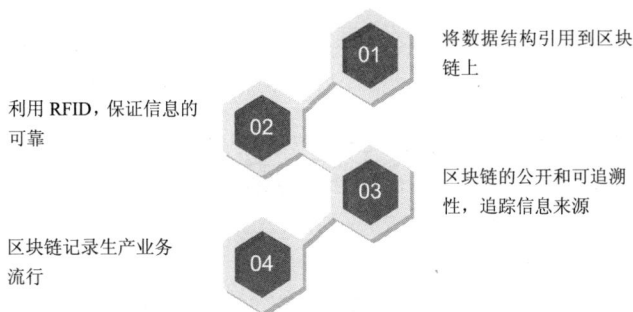

01 将数据结构引用到区块链上

02 利用 RFID，保证信息的可靠

03 区块链的公开和可追溯性，追踪信息来源

04 区块链记录生产业务流行

• 图 9-9

根据上图中的流程，即将"沃尔顿链"技术应用到所有的产品生产厂家，从而实现智能包装和产品可溯源定制，此时，将描述产品生产周期信息的通用数据结构高效写入区块链，并利用可编的特点，对不同类型产品进行定制化数据结构设计。

并结合 RFID 身份识别，保障上链信息的真实可靠，这些信息覆盖原材料采购、生产操作、组装操作、产品包装、产品库存管理的完整环节。

最后，利用区块链的公开和可溯源特性，可以鉴别产品的原材料来源、生产品质，追踪质量问题的源头，对于消费者来说，能够消除产品伪造的可能性，打破信息屏障；而对于产品生产厂家来说，通过区块链对生产业务流程信息进行规范可靠的记录，能够为他们提供低成本的数据信息解决方案，从而实现智能化管理。

4. "沃尔顿链"项目 4.0 阶段

随着资产信息采集硬件的升级，区块链数据结构的完善，未来可以将所有的资产登记上"沃尔顿链"，解决所有资产归属、物品溯源、交易凭证的问题。

此时，沃尔顿链将成为价值物联网的基础设施，改变人们先有的生活生产方式，实现真正的物物相连。

据"沃尔顿链"介绍，实现价值物联网将打造现有商业的全新生态，这基于区块链与物联网的有机融合；推进区块链技术由互联网向物联网贯通，打造真实可信、可溯源、数据完全共享、信息完全透明的商业模式，依赖于 RFID 技术与"沃尔顿链"的结合。

由此可见，想要实现真正的物联网，还需要将区块链技术与物联网进行深层次的融合的创新。

9.3 区块链将缔造一个崭新的共享经济

关键词： 区块链技术、共享经济、共享领域

主要内容： 区块链技术将应用到共享经济中，从而拓宽共享领域

从共享租车滴滴，到共享短租 Airbnb、共享办公 WeWork，不得不说，共享经济正在快速地渗透到人们生活的每一个方面。

而区块链的诞生，不仅能是推动普惠金融的大步向前发展，也将重新缔造一个崭新的共享经济。

9.3.1　区块链拓宽共享领域

区块链拓宽共享经济的领域，总体来说，可从以下两方面进行深层次的开发，如图 9-10 所示。

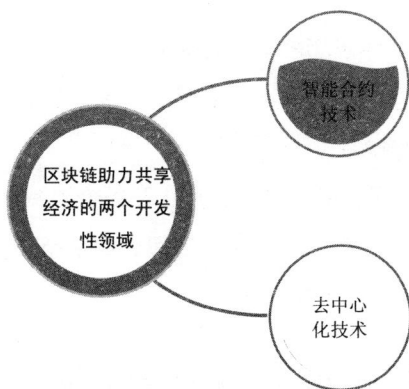

● 图 9-10

1. 智能合约技术

区块链通过借助智能合约技术、能够自动执行满足某项条件下的操作，也能够使得更多商品"共享"，大幅降低契约建立和执行的成本。

2014 年，腾讯正式发布了区块链方案白皮书——《腾讯区块链方案白皮书》，旨在与合作伙伴共同推动可信互联网的发展，打造区块链的共赢生态。

同时，具有自主知识产权的腾讯区块链行业解决方案也于腾讯官方网站正式发布。在数字经济时代，腾讯区块链将以其高性能、高安全性、高速接入、高效运营等核心优势，在鉴证证明、智能合约、共享经济、数字资产等领域拥有多样化的应用前景。

腾讯正在把智能合约应用于自行车租赁、房屋共享等领域，如果运用于今天火爆的共享单车领域，也许会给整个行业带来全新的改变。

2. 去中心化技术

在第 6 章笔者曾介绍过，共享经济一个非常重要的问题就是信用问题，但是，区块链却能够帮助其解决用户的信任问题，这去除了共享经济的信任障碍。

比如，电子商务等交易行为都是以买家和卖家之间建立信任为基础的。

如图 9-10 所示，任何一个买家与卖家之间需要建立信任，才能推动交易的顺利进行，也就会说一个卖家需要与不同的买家之间建立信任，当然，一个买家也需要与不同的卖家建立信任。

而区块链技术的应用和分散化信任，比传统电子交易模型中买家与卖家之间信任要强大很多，在今后的区块链服务中，将应用到电子商务更广泛的应用中，将允许个人之间直接互联、共享和交易，它是一个真正能够实现对等交易和共享经济的平台。

而在区块链的推动下，共享经济将真正在各个领域爆发，以 Airbnb 为代表的共享平台只是共享经济发展的初级阶段，区块链将真正把共享经济推向新高峰，给全社会带来更多普惠价值。

9.3.2　将区块链技术应用到共享经济的案例

将区块链技术应用到共享经济的公司有很多，这里要介绍的是 21Inc，分析 21Inc 如何将区块链技术完美的应用到了共享领域。

21Inc 是一家区块链创业公司，主要业务就是提供一款嵌入式芯片 BitShare，允许用户使用智能手机和其他互联网设备进行比特币挖矿。

此后，统一推出了新产品 Ping21，这是一个全新的技术概念，如图 9-11 所示。

基于图 9-11 中的 Ping21 技术，用户通过利用统一推出的微支付市场，将不需要支付昂贵的包月费，客户端只需要向网络提交一个请求，Ping21 服务的比特币电脑会自动执行 ping 操作，检查网站，收集任何有必要的数据，并将这些数据提交给用户，

在 Ping21 的技术下，网站管理员就可以使用一个命令

同时，每台电脑设备都会拥有一个自己的钱包，它可用于购买和出售数据

● 图 9-11

最后，用户可以使用比特币进行付款。

2015 年 10 月，21Inc 推出比特币电脑并在亚马逊开售，也就是说，用户仅需支付 399 美元，就可以购买到这款装载着定制芯片的小型比特币电脑，并可用其生产比特币。

21Inc 公司表示，有了这个交易平台之后，经济活动的发生就不再需要用户持有银行账户，或在交易过程中使用政府支持的货币，而是让用户与用户之间的自由交易变为可能。

而该公司的工程师，将交易原理进行了介绍，即机器到机器端之间发送和接收比特币的能力具有潜力解锁一种新型的"机器经济"，其中机器能够定期地将数据和服务交易量化为比特币。通过使用比特币微交易来激励机器操作者，21Inc 公司就可以得到世界各地非常准确的实时网络状况数据。

但是，21Inc 的终极想法并不是这个，而是把具有上述功能的芯片嵌入智能手机，到时候 Wi-Fi 分享就可以使用 21Inc 的技术，也就是说，当你进入某个公共区域时，不用刻意询问免费的 Wi-Fi 密码，安装在你手机的芯片，会根据你周围可提供的愿意分享自己 Wi-Fi 流量的号码，自动登录，并根据你所使用的时间和流量收费。

9.4　区块链中的未来能源互联网

关键词：区块链、能源互联网、智能合约

主要内容：在开发新能源的基础上，创造能源互联网，并结合区块链智能合约技术以及物联网技术，有望提高能源互联网系统的现有层次，有利于今后的创新和发展

2017 年，几乎每天都会有一家新公司宣布利用区块链技术进军能源行业，它们或借助 ICO 募集高达数亿美元的巨额资金，或部署点对点的能源交易平台。

随着传统能源的弊端不断凸显，能源行业的进化从未停止，随着技术的

区块链技术原理及应用

进步和产业的发展，新能源正在生产和应用等各环节上替代化石能源，如图 9-12 所示。

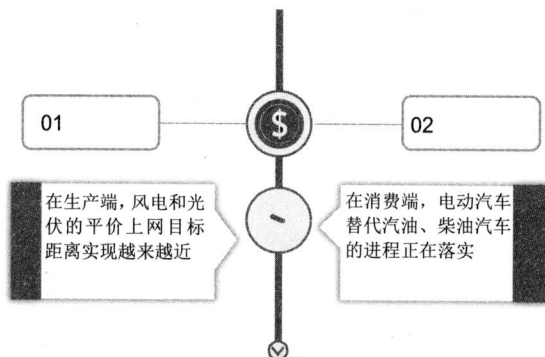

在生产端，风电和光伏的平价上网目标距离实现越来越近

在消费端，电动汽车替代汽油、柴油汽车的进程正在落实

● 图 9-12

虽然这些变化才开始，但方向很明确，同时，又有了"能源互联网"概念，为适应未来能源发展的新趋势，但是，能源互联网如何实现真正的互联和智能，是当下需要面对的问题。

从具体特征来看，区块链技术也与能源互联网的特征一一对应。

9.4.1　智能合约技术与能源互联网

在本书第 5 章就曾介绍过区块链的智能合约技术，其实智能合约的作用，并不是仅仅如其字面所显示的，只能实现实体或者数字资产交换功能。

智能合约的真正作用在于基于区块链的不可篡改和集体共识特征，预先写入的代码可以在无人干预或者少人干预的情况下，直接调用区块链上的数据，执行所有可以计算的逻辑功能并输出结果和执行功能。

所以，智能合约的真正意义，是为区块链上各主体间的互动提供了智能化的规则，并且可以在无人参与的情况下，实现各种复杂逻辑功能，这种特征被称为图灵完备。

若是从此方面来看，能源互联网的智能设备网络如果要实现完全的无人化智能管理，需要区块链技术的帮助，尤其是布置在区块链上的智能合约技术。

区块链中的智能合约技术将与能源互联网相辅相成，共同发展，主要体现在以下几个方面，如图 9-13 所示。

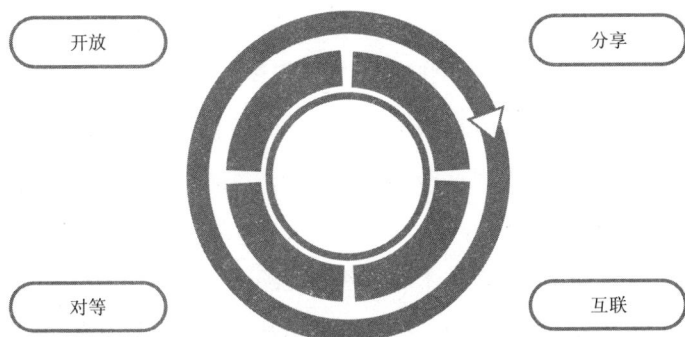

● 图 9-13

1. 开放

能源互联网，应该是一个开放式的体系结构，在这个体系结构中的信息可以随时随地接入与获取，可再生能源、储能以及用能装置可以"即插即用"。

若是引用了区块链技术，特别是区块链技术中的公有链技术，能够使信息节点的加入几乎完全开放，任何个人和设备都可以加入公有链能源网络参与记账和交易。同时，在公有链能源网络中，整个系统的运作规则是公开透明的，对于用户来说，所有能源信息数据内容也是相对公开的。

2. 分享

能源互联网的分享，就好比社交网络的信息分享机制，各种信息动态能够及时更新、交换，能源能量也能够实时更新和交换，以分散式的能量信息局部最优实现全局能量管理的调度优化。

而在区块链中，信任来自于节点之间的信息分享，整个系统通过分布数据库的形式，让每个参与节点都能获得一份完整数据库的拷贝，并且区块链构建了一整套协议机制，让全网络的每个节点在参与记录数据的同时，也参与验证其他节点记录结果的正确性。

能源互联网可引入区块链技术，建立一个系统，系统通过分布数据库的形式，让每个参与能量交换的用户都能获得一份完整数据库的拷贝，基于区块链构建的一整套协议机制，让全网络的每个用户在参与记录数据的同时，也参与验证其他用户交易记录结果的正确性，所以，能源互联网系统可以被看作一个信任分享系统。

3. 对等

与传统电网自上向下的树状结构相比，能源互联网是自下而上、能量自治单元之间的对等互联。而区块链的整个网络没有中心化的硬件或者管理机构，任意节点之间的权利和义务都是均等的，且某一节点的损坏或者失去都不会影响整个系统的运作。

也就是说，引入区块链技术后，整个能源网络中没有中心化的硬件或者管理机构，每个环节之间的权利和义务都是均等的，且某一环节的损坏或者失去都不会影响整个系统的运作，具有极好的稳定性。

4. 互联

在能源局域网中，不仅能源生产端和消费端实现互联，能源生产端和生产端，消费端和消费端也需要实现广域互联。并且，不同形式的能源可以实现转换和互补，带来资源配置的广泛性。

不同于传统网络系统，引用区块链中的 P2P 技术，所有节点两两互联，实现了绝对意义上的去中心化。

针对性地来看，区块链同其他信息技术的结合，并采用合理的制度安排，可以将能源互联网概念在设计时所提出的系统特征升华到更高层次。

9.4.2　美国公司 Filament 的"龙头"试验

如今，国内外已经有少数公司开始探索并实践区块链技术在能源互联网中的应用，比如美国公司 Filament 在澳洲实施区块链技术和电力网状网络的结合，用点对点物联网来保证电力安全，同时充分利用了现有网状网络闲置的容量。

曾有这样一个事件：

晚上 8 点的时候，炎热的澳大利亚偏远内陆，一根电线杆突然倒塌，这可急坏了 William 和 Olivia Munroe，因为他们在维多利亚大沙漠边缘的旧金矿镇外围 100 英里的地方圈养了 100 头牛羊。

要知道在澳大利亚偏远内陆，夏天这里的温度时常飙升到华氏 120 度，面对电线杆的突然倒塌，这个家庭获取急救服务的唯一途径是互联网。但是，加上各种空调、通信设备、供水设备和水源需求，家里的备用发电机显然撑不了多久。

好在 9 小时前电力公司派了维修队查找倒了的电线杆；William 和 Olivia Munroe 投诉时告知了倒塌电线杆的大致位置，但是，维修队还是花了一天多时间才检修好。

这起事故除了让 Munroe 一家和附近邻居、企业、机构一直没电、没通信，带来诸多不便的同时，还带来了经济损失和人身危险。

若是在电力运输领域添加区块链去中心化与智能合约相结合的技术，建立一个去中心化的网络，并采取智能合约的技术，一旦出现电线杆着火或者倒塌的事故，便可以在去中心化的网络中传递该信息，以便及时生成事故报告，并通知维修队带着适合的工具前往该地点。

同时，电线杆还可以将电力传输任务暂时分配给附近的电线杆，毕竟它们都属于同一个电网。这样电力公司也不需要承担相当高的现场检修成本，还可以尽快恢复用电。

别出心裁的是，若是将物联网技术也添加进来，那么，就可以为现有的基础设施提供智能系统。例如，可以为电网添加可以互相通信的智能设备，也就是，将智能设备添加在去中心化的电网中，从而让电网提供安全又快速的服务。

上述的这个结构被称为网状网络，即计算机和其他设备之间直接互联的网络，网状网络代替了传统的自上而下的组织、监管和控制模型，安全性和私密性更高，因为整个环节不需要中央组织的参与。

这个网络可以按照带宽、存储等网络特性来自动重新配置，因此不会损坏或中断。偏远的社区可以用网状网络实现基本的连通。

目前，世界上有很多组织已经结合网状网络和区块链技术来解决复杂的基础设施问题，比如，美国公司 Filament 在澳大利亚偏远地区的电线杆上进行"龙头"（taps）试验，这些"龙头"可以在 10 英里之内直接通信。

因为电线杆的间距一般大约是 200 英尺（约为 0.04 英里），故障电线杆上的动作探测器会通知 200 英尺外的电线杆；假设这个探测器发生故障，那么，就会按顺序通知 10 英里内的其他电线杆，然后通过 120 英里内最近的回程网络与公司通信。

　　基于区块链技术以及物联网技术，在该网络下的客户随时可以用手机、平板电脑或计算机直接连接到设备，因为"龙头"包含了很多传感器——温度、湿度、光和声音，所以，该网络下的客户不仅可以用这些传感器长期监测和分析电网状况，还可以获取相关数据信息，并通过授权将数据通过区块链传输给其他用户，比如政府、广播员、电线杆制造商、环保部门，一旦出现事故，定位和维修十分方便。

　　如今已有了在能源互联网中区块链应用的项目，但仅有小部分投入实际运行的项目，并且这些项目处于小规模的实验探索过程中，大部分仍然处于概念阶段，有待进一步的开发。

后 记

随着区块链的不断发展及其全球热度的持续攀升，区块链已经不单单是一种技术了，而是一种互联共识底层架构，一种创新的思维模式。

尤其是在当下的互联网时代和大数据时代，区块链的思维和技术，可以和现有的行业进行技术融合，理念创新，有望解决行业中的数据信息的信任问题，建立基于数字的信任体系。

如今，区块链作为一种可以传输所有权的协议，其技术在金融、共享经济、物联网等方面存在很高的应用价值，成功吸引了微软、IBM、阿里巴巴、腾讯、摩根大通、纳斯达克等一些国内外企业巨头的一致关注和积极布局。

不可否认的是，当下的区块链技术还需要大规模协作和参与的技术，其崛起可能需要一定的周期，但是，区块链的底层技术必将会获得广泛的应用。

我们可以相信，未来几年将拉开区块链 + 应用层级全面爆发的大幕，引领新一轮的场景化技术革命趋势。

我们也相信，作为数字化浪潮下一个阶段的核心技术，区块链最终将会构建出多样化生态的价值互联网，从而深刻影响未来我们每个人的生活，最终影响的范围和深度也会远远超出大多数人的想象，更会让很多的人受益于区块链技术。